CLASSIQUES & CIE
BTS

À toute vitesse !

ANTHOLOGIE

Avec un cahier photos

Tous les documents expliqués sur le thème du programme 2020-2021 de l'épreuve de Culture générale et expression

Sélection et présentation
de **Johan Faerber**
certifié de lettres modernes
docteur ès lettres modernes

Hatier

sommaire

ISBN 978-2-40105-257-4

Conception graphique de la maquette : studio Favre & Lhaïk
Mise en pages : Soft Office – 8 pages couleurs : Clarisse Mourain
Iconographie : Hatier Illustration • Suivi éditorial : Caroline Blanc

UN MONDE À TOUTE ALLURE

Comment décrire les sociétés contemporaines sans évoquer la vitesse ? Le monde dans lequel nous vivons n'est-il pas lancé dans une **course fulgurante**, qui défie perpétuellement les limites ? « Aller à vitesse grand V », « agir *illico presto* », « gagner du temps », « sans perdre un instant », toutes ces expressions que nous employons couramment en témoignent. Répétées comme des refrains, elles illustrent la **transformation de notre rapport au temps** et le **désir de vitesse** dans la société actuelle.

Depuis l'invention du chemin de fer et les révolutions industrielles au XIXe siècle jusqu'à notre ère ultramoderne, la **fascination** à l'égard de la vitesse ne se dément pas et semble même s'intensifier. Tout se passe comme si l'attraction qu'exerce la vitesse sur la société grandissait un peu plus chaque fois qu'il nous est donné la possibilité d'aller plus vite. Explorer tous les possibles que la vitesse ouvre devant nous est un sujet de préoccupation constant car les **avantages** qu'elle présente sont nombreux. Grâce à elle, les limites physiques et techniques sont sans cesse repoussées, la vie se fait plus intense et les exploits liés à sa quête plus grandioses. La joie qu'elle suscite répond au besoin de rompre avec le cours ordinaire de la vie quotidienne.

Avec l'**accélération technologique**, les actions menées dans le cadre du travail ou des loisirs sont exécutées plus rapidement. Le **gain de temps** ainsi obtenu permettrait de pouvoir faire toujours plus, de profiter davantage du temps libéré et de satisfaire ses envies sans attendre. Parce qu'elle est la **promesse de progrès**, la vitesse a acquis une place privilégiée au sein des sociétés modernes, jusqu'à changer en profondeur nos façons de vivre et de percevoir le monde.

RALENTIR : UNE NÉCESSITÉ ?

Mais cette course dans laquelle le monde moderne est engagé n'est-elle pas une course folle ? Dans l'expression « à toute vitesse ! », n'entend-on pas les **excès** attachés à l'accélération sans limite ? À côté des dangers physiques auxquels s'expose le conducteur d'un véhicule lancé à toute allure, la **tyrannie de la vitesse** menace la stabilité de la société elle-même. Les nouvelles exigences du temps soumettent l'existence de l'individu à des **pressions** constantes qui engendrent le sentiment anxiogène de vivre dans l'**urgence**. La course au progrès prend finalement la forme d'une **course perdue contre le temps**.

Dans la vie de tous les jours, chacun peut faire l'expérience du manque de temps alors même que la technique est supposée nous en avoir libéré. Le règne de la vitesse s'est imposé aux dépens des autres paramètres de la vie et a engendré **l'impression d'être submergé** par une quantité de tâches à effectuer sans avoir le temps nécessaire pour y remédier.

La solution ne serait-elle pas simplement de ralentir ? Mais comment ralentir alors que tout va de plus en plus vite ? La vitesse a pris une telle ampleur dans nos sociétés que l'excès contraire de lenteur est d'autant plus sensible. Depuis que tous les aspects de notre vie se sont accélérés, l'**impatience** et l'**ennui** se manifestent plus promptement qu'auparavant. Ralentir reviendrait par ailleurs à prendre le **risque d'accumuler un retard irrémédiable** sur la société et conduirait de la sorte à un état d'**immobilisme** contraint ou à un **retrait douloureux du monde**.

S'ÉPANOUIR À SON RYTHME

Pour résoudre la situation ambivalente de l'individu vis-à-vis de la vitesse dans les sociétés modernes, certains se tournent vers des **modes de vie alternatifs** qui revalorisent la **lenteur**. En raison de l'apaisement qu'elle apporte, de nombreuses personnes adoptent un rythme de vie qui prend en compte la lenteur pour s'affranchir de l'impératif moderne de la vitesse permanente. Il ne s'agit pas de nier la place qu'occupe la vitesse dans la société mais de **prendre du recul** et de **reconsidérer nos priorités**. Suivre un rythme plus en accord avec nos besoins personnels devient un choix de vie qui rencontre de plus en plus d'adeptes. Dans cette perspective, l'**immobilité choisie** est elle aussi réenvisagée comme une force, qui permet de se recentrer sur l'essentiel et de manifester sa résistance face aux dérives de la quête frénétique de vitesse.

En combinant la lenteur, ou l'immobilité, avec le tempo trépidant de la vie moderne, de **nouvelles façons de vivre** à un rythme plus personnel deviennent possibles. Parvenu à un équilibre, l'individu **redécouvre le monde** et apprécie une vie nouvelle et pleinement épanouie.

CHAPITRE 1

Un **monde** à **toute allure**

et pour entrer dans le vif du sujet…

CINÉ & Cie p. 12

Un film pour entrer dans le vif du sujet

« **Vivre à cent à l'heure** », telle semble être la devise de nos civilisations modernes. C'est en tout cas celle des héros du film *Fast and Furious*, dont la sortie du premier opus en 2001 a provoqué un véritable phénomène de société. L'engouement de millions de spectateurs a favorisé la naissance d'une saga au succès mondial qui se poursuit encore aujourd'hui. Pourquoi une génération entière de spectateurs s'est-elle identifiée à ces jeunes coureurs automobiles, qui sillonnent en tous sens les rues de Los Angeles ?

Peut-être parce que ces héros modernes incarnent à merveille ce **sentiment d'ivresse** qui permet d'éprouver une **fureur de vivre** allant jusqu'au dépassement de soi. La vitesse dicte leur vie : comme des nouveaux romantiques, ils vivent à un **rythme trépidant**, aiment intensément, conduisent à toute allure, au risque de mettre leur propre vie en danger.

Fast and Furious
de Rob Cohen, 2001, États-Unis

Le résumé du film

À Los Angeles, Dominic Toretto (Vin Diesel), tout juste sorti de prison, redevient le pilote de courses de rue illégales qu'il a toujours été. Avec sa bande, Vince, Letty, Jesse, Leon et Mia, il multiplie les records de vitesse au péril de sa vie, suscitant à la fois l'admiration et l'effroi.

Un jour, un jeune homme, Brian O'Conner (Paul Walker), décide de rejoindre le groupe. Il dit être en **quête de sensations fortes** mais, en vérité, Brian est un policier qui tente d'infiltrer le groupe que la police de Los Angeles soupçonne d'attaquer des camions pour les détrousser.

Bientôt **grisé par la vitesse**, la compétition et son amour pour Mia, Brian ne sait plus s'il doit suivre la bande ou, au contraire, demeurer un policier infiltré pour arrêter les coupables. Car Dominic et sa bande sont bien ceux qui s'attaquent aux camions…

Le lien avec le thème

Le parcours de Brian O'Conner témoigne de la place privilégiée que nos sociétés modernes accordent à la vitesse. S'il paraît d'abord peu intéressé par les courses automobiles, il se laisse finalement séduire, au contact de Dominic et sa bande, par l'**excitation du danger** et la **quête de la victoire**. Sa nouvelle fascination pour la vitesse l'amène à multiplier les compétitions et à dépasser toujours plus ses limites. Les nombreuses scènes de courses de voitures permettent de concentrer l'attention du spectateur sur les pilotes et de partager avec eux les sensations fortes qu'ils éprouvent au volant. Le spectateur est immédiatement saisi par l'enchaînement de plans sur les voitures lancées à pleine allure et par le rugissement des moteurs. Le but est de porter à l'écran le **goût du risque** et de montrer le plaisir que les personnages prennent à s'adonner sans aucune retenue à la vitesse.

▸ Observez l'affiche du film

2e de couverture

1. Quelles sont les différentes composantes de l'affiche ?
2. Comment l'impression de vitesse est-elle graphiquement suggérée ?
3. Pourquoi avoir choisi de représenter les voitures en couleurs ?

Visionnez le film et commentez-le !

1. Comment la première course de Brian dans la bande se déroule-t-elle ? Pourquoi est-il nerveux ?
2. Les courses de rue sont filmées par une série de plans courts et un montage serré : quelle impression le réalisateur veut-il suggérer au public ?
3. Comparez les scènes où Brian est grisé par la vitesse et les scènes où il se rapproche de Mia : quels sont les points communs que veut souligner la mise en scène ?

« À toute vitesse », il semble en effet difficile de trouver une expression qui sied mieux aux sociétés contemporaines. Depuis les révolutions industrielles du XIXe siècle et ses nombreuses innovations technologiques, le monde paraît lancé à toute allure : la vitesse est devenue l'un des critères essentiels en toute chose. Les avancées technologiques ne cessent d'ouvrir de nouvelles perspectives pour **gagner du temps** et **raccourcir les distances**. Vivre vite permettrait-il donc de mieux vivre ? Chacun semble en effet y trouver son compte : le cycliste, le pilote ou le cavalier rivalise de plus belle avec ses adversaires en **quête de records**, le patron **optimise** la rentabilité de son entreprise et multiplie les défis pour battre ses concurrents, l'internaute a accès **instantanément** aux contenus recherchés, le voyageur arrive **plus vite à destination**. Les exemples ne manquent pas.

Mais pourquoi la vitesse **fascine**-t-elle tant ? D'où vient le **ravissement** que l'on peut ressentir lorsque l'on se laisse emporter par la vitesse ? En plus de **multiplier les possibles**, la vitesse procure à celui qui en fait l'expérience une **ivresse** sans égale. Si elle permet de **se dépasser** et de rechercher **l'exploit physique et technique**, elle offre aussi une **expérience intense**, tant pour celui qui la vit que pour celui qui en est le spectateur. La liberté qu'autorise la vitesse semble aller de pair avec le **bonheur** qu'elle procure. Certains en ont même fait le centre de leur existence, comme les coureurs de **Formule 1**, les ingénieurs spécialisés dans les nouvelles technologies, les astronautes, ou encore les amateurs de **sensations fortes**.

Si la vitesse suscite des moments de joie indéniables, toutes les civilisations n'ont pas toujours été subjuguées par la vitesse. La **modernité** est ici en cause : vitesse et modernité sont fortement corrélées l'une à l'autre. Plus nous avançons dans ce nouveau siècle, plus la vitesse est sollicitée, au point de pouvoir parler aujourd'hui d'un véritable hymne à la vitesse. Ce goût moderne pour la vitesse s'exalte avec l'idée du **progrès** et du **dépassement des limites** fixées dans le passé. À l'image des **records** battus dans un intervalle de temps de plus en plus court, la quête de vitesse implique la notion de **performance** : il s'agit non plus seulement d'aller vite, mais d'aller très vite, toujours plus vite.

Dans quelle mesure **l'accélération** est-elle devenue le credo de nos sociétés modernes ? Le constat suivant s'impose : nos rythmes de vie n'ont jamais été aussi soutenus et s'accélèrent encore davantage à chaque innovation technologique. Dans la vie quotidienne, qu'il s'agisse du travail ou des loisirs, la vitesse est perçue comme une **valeur déterminante** et même comme une **compétence requise** ; tout se passe comme si les activités humaines, dans la sphère privée comme professionnelle, devaient être accomplies avec **promptitude**. Vivre à cent à l'heure, dans nos sociétés modernes, c'est ainsi considérer qu'il n'y a pas une minute à perdre et qu'il faut **vivre sa vie en accéléré**.

A L'attrait pour la vitesse

Il apparaît que nous sommes insensiblement attirés par la vitesse. Mais comment cela se fait-il ? Pourquoi la vitesse est-elle autant célébrée ? Pour le comprendre, sans doute faut-il commencer par s'arrêter sur la définition du terme « vitesse ». D'après le Larousse, la vitesse d'un phénomène met en rapport les notions de temps et d'espace et induit une **rapidité d'exécution**. L'intensité du mouvement provoque des sensations ; aller à toute vitesse, c'est donc d'abord éprouver la vitesse. Qu'il s'agisse du pilote, du cavalier ou du cycliste, chacun déclare en effet qu'elle procure une **sensation forte et unique**. La vitesse permet de repousser les limites physiques et techniques et donne la possibilité de **vivre des moments de grande intensité**, qui nous éloignent du quotidien et nous font côtoyer le merveilleux. Au volant, le pilote fait l'expérience d'une **ivresse incomparable** ; la vitesse répond à notre désir d'abandon, de lâcher-prise et de vie intense. Grisés et enivrés par elle, nous échappons un instant à la monotonie du quotidien pour éprouver une jouissance délicieuse.

Au-delà du bonheur d'aller vite et de se dépasser, la vitesse modifie notre rapport au temps et à l'espace, et permet d'**appréhender le monde sous un œil nouveau**. Lancé à toute vitesse dans un train ou une voiture, l'homme perçoit le monde différemment. En parcourant les paysages à vive allure, un nouveau monde défile sous ses yeux. Le mouvement de la vitesse redessine le paysage et le pare d'un autre visage, qui devient une nouvelle source d'inspiration pour les poètes et les peintres. À bord du train ou au volant d'une voiture, l'homme ressent une véritable **douceur de vivre** et, comme en état d'apesanteur, ses soucis paraissent loin de lui. À côté de l'apaisement qu'elle apporte, la vitesse dévoile une **beauté inédite** du monde qui, inlassablement, nous obsède et nous fascine.

DOC 1

LAROUSSE

Définitions des mots « vitesse », « course » et « accélération »

[Les définitions du dictionnaire]

VITESSE

- Rapport de la longueur du chemin parcouru par un mobile au temps mis par le parcourir.
- Grandeur définie par le temps mis à accomplir une action : *Il travaille à la vitesse d'un escargot.*
- Allure à laquelle se produit un phénomène, temps pris par quelque chose pour évoluer, se transformer, se produire, etc. : *Ses cheveux poussent à une vitesse incroyable.*

- Nombre de tours accomplis par un axe, un arbre ou un autre organe moteur pendant l'unité de temps : *Une perceuse à trois vitesses.*
- Grande rapidité dans l'action : *J'aime sa vitesse de décision.*
- Allure très rapide d'un véhicule, action d'aller très vite vers un véhicule : *Faire de la vitesse sur autoroute.*

Course

- Action de courir : *Sa course l'a épuisé.*
- Lutte, compétition de vitesse : *On fait la course ? Le premier qui arrive au poteau a gagné.*
- Action de lutter de vitesse avec d'autres concurrents ou rivaux pour accéder à quelque chose : *La course aux armements.*
- (Familier) Action, fait de se dépêcher : *C'est toujours la course ici.*
- Déplacement, mouvement de quelque chose, d'un organe mécanique : *Course d'un piston.*
- (Littéraire) Mouvement du temps qui s'écoule : *La course de la vie.*

Accélération

- Fait de devenir plus rapide, d'être accéléré ou de s'accélérer : *L'accélération des travaux, du progrès.*
- Aptitude d'un véhicule à augmenter sa vitesse instantanée. (Elle est liée à la puissance massique.)

Le Larousse © larousse.fr, 2019 ■

3 questions pour vous guider…

1. Quel est le terme qui revient dans chacune des trois définitions ? Pourquoi ?
2. Quels sont les synonymes de « course » dans les définitions de « vitesse » et « accélération » ?
3. Relevez dans la définition de « vitesse » et « accélération » les exemples qui ne renvoient pas uniquement à la rapidité physique. Que pouvez-vous en conclure ?

DOC **2**

Françoise Sagan
Avec mon meilleur souvenir

Romancière française, Françoise Sagan (1935-2004) s'est fait un nom très jeune par sa peinture d'une bourgeoisie désabusée et sans limite. Elle a aussi défrayé la chronique pour son goût pour les belles voitures qu'elle aimait conduire vite. Elle revient, dans son autobiographie Avec mon meilleur souvenir, *sur le plaisir unique qu'elle a très tôt éprouvé au volant de voitures de course.*

[La vitesse : une expérience intense, un plaisir unique]

Elle aplatit les platanes au long des routes, elle allonge et distord[1] les lettres lumineuses des postes à essence[2], la nuit, elle bâillonne les cris des pneus devenus muets d'attention tout à coup, elle décoiffe aussi les chagrins : on a beau être fou d'amour, en vain, on l'est moins à deux cents à l'heure. Le sang ne se coagule[3] plus au niveau du cœur, le sang gicle jusqu'à l'extrémité de vos mains, de vos pieds, de vos paupières alors devenues les sentinelles fatales et inexorables[4] de votre propre vie. C'est fou comme le corps, les nerfs, les sens vous tirent vers l'existence. Qui n'a pas cru sa vie inutile sans celle de « l'autre » et qui, en même temps, n'a pas amarré[5] son pied à un accélérateur à la fois trop sensible et trop poussif, qui n'a pas senti son corps tout entier se mettre en garde, la main droite allant flatter le changement de vitesse, la main gauche refermée sur le volant et les jambes allongées, faussement décontractées mais prêtes à la brutalité, vers le débrayage et les freins, qui n'a pas ressenti, tout en se livrant à ces tentatives toutes de survie, le silence prestigieux et fascinant d'une mort prochaine, ce mélange de refus et de provocation, n'a jamais aimé la vitesse, n'a jamais aimé la vie – ou alors, peut-être, n'a jamais aimé personne. [...]

---

1. **Distord :** déforme.
2. **Postes à essence :** stations essence.
3. **Coagule :** fige.
4. **Inexorables :** impitoyables.
5. **Amarré :** fixé.

Contrairement à ce qu'on pourrait croire, les tempo de la vitesse ne sont pas ceux de la musique. Dans une symphonie, ce n'est pas l'allegro, le vivace ou le furioso[1] qui correspond au deux cents à l'heure, mais l'andante, mouvement lent, majestueux, sorte de plage[2] où l'on parvient au-dessus d'une certaine vitesse, et où la voiture ne se débat plus, n'accélère plus et où, tout au contraire, elle se laisse aller, en même temps que le corps, à une sorte de vertige éveillé, attentif, et que l'on a coutume de nommer « grisant[3] ». Cela se passe la nuit sur une route perdue, et parfois le jour dans des régions désertes. Cela se passe à des moments où les expressions « interdiction », « port obligatoire », « assurances sociales », « hôpital », « mort », ne veulent plus rien dire, annulées par un mot simple, utilisé par les hommes à toutes les époques, à propos d'un bolide argenté ou d'un cheval alezan[4] : le mot « vitesse ». Cette vitesse où quelque chose en soi dépasse quelque chose d'extérieur à soi, cet instant où les violences incontrôlées s'échappent d'un engin ou d'un animal redevenu sauvage et que l'intelligence et la sensibilité, l'adresse – la sensualité aussi – contrôlent à peine, insuffisamment en tout cas pour ne pas en faire un plaisir, insuffisamment pour ne pas lui laisser la possibilité d'être un plaisir mortel. Odieuse époque que la nôtre, celle où le risque, l'imprévu, l'irraisonnable sont perpétuellement rejetés, confrontés à des chiffres, des déficits ou des calculs ; époque misérable où l'on interdit aux gens de se tuer non pour la valeur incalculable de leur âme mais pour le prix d'ores et déjà calculé de leur carcasse.

En fait la voiture, sa voiture, va donner à son dompteur et son esclave la sensation paradoxale d'être enfin libre, revenu au sein maternel, à la solitude originelle, loin, très loin de tout regard étranger. Ni les piétons, ni les agents[5], ni les automobilistes voisins, ni la femme qui l'attend, ni toute la vie qui n'attend pas, ne peuvent le déloger de sa voiture, le seul de ses biens, après tout,

---

1. L'allegro, le vivace ou le furioso : rythmes rapides en musique classique.
2. Plage : moment particulier.
3. Grisant : enivrant.
4. Cheval alezan : cheval au pelage brun-roux.
5. Agents : policiers.

qui lui permette une heure par jour de redevenir physiquement le solitaire qu'il est de naissance. Et si, en plus, les flots de la circulation s'écartent devant sa voiture comme ceux de la mer Rouge devant les Hébreux[1], si en plus les feux rouges s'éloignent les uns des autres, se raréfient, disparaissent, et si la route se met à osciller et à murmurer selon la pression de son pied sur l'accélérateur, si le vent devient un torrent par la portière, si chaque virage est une menace et une surprise et si chaque kilomètre est une petite victoire, alors étonnez-vous que de paisibles bureaucrates promis à des destins brillants au sein de leur entreprise, étonnez-vous si ces paisibles personnes aillent faire une belle pirouette de fer, de gravier et de sang mêlés dans un dernier élan vers la terre et un dernier refus de leur avenir. On qualifie ces sursauts d'accidentels, on évoque la distraction, l'absence, on évoque tout sauf le principal qui en est justement le contraire, qui est cette subite, insoupçonnable et irrésistible rencontre d'un corps et de son esprit, l'adhésion d'une existence à l'idée brusquement fulgurante de cette existence : « Comment, qui suis-je ? Je suis moi, je vis ; et je vis ça, et j'y vais à 90 kilomètres à l'heure dans les villes, 110 sur les nationales, 130 sur les autoroutes, à 600 à l'heure dans ma tête, à 3 à l'heure dans ma peau, selon toutes les lois de la maréchaussée[2], de la société et du désespoir. Quels sont ces compteurs déréglés qui m'entourent depuis l'enfance ? Quelle est cette vitesse imposée au cours de ma vie, de mon unique vie ?... »

Quand on va vite, il y a un moment où tout se met à flotter dans cette pirogue[3] de fer où l'on atteint le haut de la lame[4], le haut de la vague, et où l'on espère retomber du bon côté grâce au courant plus que grâce à son adresse. Le goût de la vitesse n'a rien à voir avec le sport. De même qu'elle rejoint le jeu, le hasard, la vitesse rejoint le bonheur de vivre et, par conséquent, le confus espoir de mourir

1. La mer Rouge devant les Hébreux : épisode de la Bible dans lequel, grâce à Dieu, la mer Rouge s'ouvre en deux pour permettre à Moïse, guidant les Hébreux vers la Terre promise, de fuir les Égyptiens.

2. Maréchaussée : gendarmerie.

3. Pirogue : modeste embarcation maritime.

4. Lame : crête de la vague.

qui traîne toujours dans ledit[1] bonheur de vivre. C'est là tout ce que je crois vrai, finalement : la vitesse n'est ni un signe, ni une preuve, ni une provocation, ni un défi, mais un élan de bonheur.

Avec mon meilleur souvenir, 1984 © Éditions Gallimard ■

3 questions pour vous guider...

1. Relevez dans les deux premiers paragraphes les différentes sensations que la vitesse procure.
2. Pourquoi, dans le 3e paragraphe, la vitesse procure-t-elle un sentiment de liberté ? Quel exemple Sagan donne-t-elle pour illustrer son propos ?
3. « Le goût de la vitesse n'a rien à voir avec le sport » (l. 78-79) : pour quelles raisons ?

DOC **3**

JEAN-PHILIPPE DOMECQ
Ce que nous dit la vitesse

Dans Ce que nous dit la vitesse, *l'essayiste français Jean-Philippe Domecq (né en 1949) analyse la place qu'occupe dans la société la Formule 1, un des sports les plus regardés au monde. Selon lui, la fascination que les pilotes de course exercent sur la population s'explique par un goût de la vitesse poussée à sa limite extrême : aller encore et toujours plus vite procure une ivresse sans comparaison possible.*

[Quand vitesse rime avec ivresse]

« Encore deux mois à tenir... », sourit Graham Hill[2] à Johnny Rives[3] en émergeant de la piscine où ils attendaient que la saison[4] reprît. « Eh oui ! me raconte le journaliste, il avait faim. »

1. **Ledit :** ce même.
2. **Graham Hill :** pilote automobile britannique (1929-1975), deux fois champion du monde des pilotes de Formule 1.
3. **Johnny Rives :** journaliste sportif français (né en 1936), spécialiste des courses automobiles.
4. **Saison :** saison des Grands Prix de Formule 1.

Faim. Faim de piloter, de courir, de foncer, foncer à nouveau – une fringale[1] de vitesse. Peut-on comprendre ça, nous autres citoyens automobilistes ?

Nous pouvons en avoir un avant-goût, puisqu'il nous arrive d'être pris, ce qui s'appelle *pris*, par la vitesse – ce plaisir que le siècle a ajouté à la somme des plaisirs connus. Admettons-le donc, beaucoup parmi nous sont sensibles au chant des sirènes de la vitesse. Au fait, que nous chantent-elles ? Pourquoi nous charment-elles ? Comment le dire ? Comment dire ce que nous dit la vitesse, ce souffle qui dans les nerfs passe sous la peau comme un charme tient à rien d'apparent mais nous ravit dans un monde à lui, jusqu'à risquer de nous perdre, de ne plus sentir la limite, d'aller trop vite ? Comment dire ce plaisir géométrique dans un virage où nous passons sur la ligne, l'exacte ligne au-delà de laquelle la voiture deviendrait incontrôlable ? Et comment le sentons-nous, ce point limite d'équilibre de la voiture, de cette voiture précisément à cet endroit précis, si ce n'est par notre corps, qui sent au-dedans la masse de la voiture autour ? Et puis, les vitesses qu'on a rétrogradées en vue du virage, pour ensuite les égrener[2] en sens inverse, faire monter le régime[3], doser au pied la poussée de puissance qu'on sent au dos. Puis la route droite, et l'impression de voir, de voir tout, partout, même derrière ce bois le chemin où pourrait déboucher l'imprévu et où on prévoit que cette fois-là il va déboucher, et il débouche en effet. Comment dire le bonheur de sentir le calme du passager tandis qu'on double quelqu'un qui va seulement 20 km/h de moins que vous ? Et la route de montagne où tout va dépendre, à chaque entrée de virage, de la vitesse changée au bon moment ? Plaisir de précision. Plaisir de vision, mais aussi de tempes effleurées, lorsque l'autoroute débouche en surplomb sur la plaine qui s'ouvre où descend la voiture et nous filons sous le ciel avec aux doigts la légère, la fidèle vibration dans le volant. Et subtil dans l'habitacle, partout et nulle part, le grain

1. **Fringale :** appétit incontrôlable.
2. **Égrener :** passer une à une.
3. **Faire monter le régime :** accélérer.

du bitume[1] au chant soyeux ici, sourd et frémissant là où le bitume est moins sombre, plus abrasif[2]. Comment dire cette solitude nette où l'on entre après des heures, des heures de conduite, jamais assez d'heures au volant, jamais assez car la ville approche et on appréhende[3] de devoir sortir de là, de cet état, quel état ? Comme un yoga qui ne dit pas son nom mais à tout coup nous procure le calme d'après le plaisir, la conduite au bout de quelque temps absorbe, nous en lavant d'autant, le surcroît[4] de tension nerveuse qu'alimente la vie moderne. Il faudrait dire aussi les sons de l'air autour de la carrosserie, sur les flancs, sur l'aileron arrière, les coulées qui changent selon l'espace environnant – et les passages de la clarté sur les vitres, où le ciel glisse comme sur notre vie –, etc. Mais quoi ? Quand bien même nous formulerions ces sensations qui sont à notre portée intérieure, extérieure, des seuils et des seuils d'intensité les séparent de ce qui faisait soupirer Graham Hill. « Eh oui ! il avait faim... » Elle est telle, cette faim, qu'elle ne vous lâche pas lorsque vous devriez cesser.

3 questions pour vous guider...

1. Quel mot Jean-Philippe Domecq choisit-il pour désigner le goût de la vitesse de Graham Hill ? Justifiez ce choix.
2. Relevez trois raisons qui, pour Domecq, expliquent que la vitesse offre un plaisir incomparable.
3. Pourquoi Domecq parle-t-il de « solitude » (l. 37) ?

---

1. Le grain du bitume : le goudron de la route.
2. Abrasif : décapant.
3. On appréhende : on craint.
4. Surcroît : accroissement.

DOC **4**

Victor Hugo

Voyage en Belgique

À la différence d'autres écrivains romantiques, Victor Hugo (1802-1885) ne fut jamais un grand voyageur. Mais sa découverte du train, lors d'un séjour en Belgique en 1837, lui ouvre des horizons nouveaux. Effectuant dès lors de nombreux trajets, Hugo est émerveillé par une vision profondément renouvelée du paysage, qu'il aperçoit par les fenêtres du train lancé à une vitesse pour lui inédite.

[Une nouvelle perception du monde]

Je suis réconcilié avec les chemins de fer; c'est décidément très beau. Le premier que j'avais vu n'était qu'un ignoble chemin de fabrique[1]. J'ai fait hier la course d'Anvers[2] à Bruxelles et le retour. Je partais à quatre heures dix minutes et j'étais revenu à huit heures un quart, ayant dans l'intervalle passé cinq quarts d'heure à Bruxelles et fait vingt-trois lieues[3] de France. C'est un mouvement magnifique et qu'il faut avoir senti pour s'en rendre compte. La rapidité est inouïe. Les fleurs du bord du chemin ne sont plus des fleurs, ce sont des taches ou plutôt des raies[4] rouges ou blanches; plus de points, tout devient raie; les blés sont de grandes chevelures jaunes, les luzernes[5] sont de longues tresses vertes; les villes, les clochers et les arbres dansent et se mêlent follement à l'horizon; de temps en temps, une ombre, une forme, un spectre debout paraît et disparaît comme l'éclair à côté de la portière; c'est un garde du chemin qui, selon l'usage, porte militairement les armes au convoi. On se dit dans la voiture: C'est à trois lieues, nous y serons dans dix minutes. – Le soir, comme je revenais, la nuit tombait. J'étais dans la première voiture. Le

---

1. **Chemin de fabrique:** voie de chemin de fer alors uniquement destinée au transport de marchandises.
2. **Anvers:** ville belge située à 45 kilomètres de Bruxelles.
3. **Lieues:** mesure de distance égale à environ 4 kilomètres.
4. **Raies:** traits allongés.
5. **Luzernes:** plantes destinées à nourrir le bétail.

remorqueur[1] flamboyait devant moi avec un bruit terrible, et de grands rayons rouges, qui teignaient les arbres et les collines, tournaient avec les roues. Le convoi qui allait à Bruxelles a rencontré le nôtre. Rien d'effrayant comme ces deux rapidités qui se côtoyaient, et qui, pour les voyageurs, se multipliaient l'une par l'autre. On ne se distinguait pas d'un convoi à l'autre ; on ne voyait passer ni des wagons, ni des hommes, ni des femmes, on voyait passer des formes blanchâtres ou sombres dans un tourbillon. De ce tourbillon sortaient des cris, des rires, des huées[2]. Il y avait de chaque côté soixante wagons, plus de mille personnes ainsi emportées, les unes au nord, les autres au midi, comme par l'ouragan.

Il faut beaucoup d'efforts pour ne pas se figurer que le cheval de fer est une bête véritable. On l'entend souffler au repos, se lamenter au départ, japper[3] en route ; il sue, il tremble, il siffle, il hennit[4], il se ralentit, il s'emporte ; il jette tout le long de la route une fiente[5] de charbons ardents et une urine d'eau bouillante ; d'énormes raquettes d'étincelles jaillissent à tout moment de ses roues ou de ses pieds, comme tu voudras ; et son haleine s'en va sur vos têtes en beaux nuages de fumée blanche qui se déchirent aux arbres de la route.

Voyage en Belgique, 1837 ■

3 questions pour vous guider...

1. Pourquoi Victor Hugo parle-t-il à propos du train de « mouvement magnifique » (l. 7) ?
2. Des lignes 8 à 16, quels effets la vitesse produit-elle sur le paysage ?
3. Dans le dernier paragraphe, quelle image Hugo choisit-il pour désigner le train ? Que cherche-t-il à suggérer ?

---

1. Le remorqueur : la locomotive.
2. Huées : cris poussés par un groupe.
3. Japper : aboyer de manière aiguë.
4. Il hennit : il pousse le cri du cheval.
5. Fiente : déjection.

DOC 5

Valery Larbaud

Les Poésies de A.O. Barnabooth

Dans Les Poésies de A.O. Barnabooth*, Valery Larbaud (1881-1957), poète français dont les différents séjours en Europe ont inspiré nombre de ses œuvres, exprime son goût immodéré pour le voyage. S'il admire les inventions technologiques de son temps comme l'avion, c'est surtout le train, aux mouvements souples et rapides, qui est l'objet de sa fascination. Selon lui, rien n'est comparable à la douceur de vivre ressentie à bord d'un wagon.*

[La vitesse, une douceur de vivre]

Prête-moi ton grand bruit, ta grande allure[1] si douce,
Ton glissement nocturne à travers l'Europe illuminée,
Ô train de luxe ! et l'angoissante musique
Qui bruit[2] le long de tes couloirs de cuir doré,
Tandis que derrière les portes laquées[3], aux loquets[4] de cuivre lourd,
Dorment les millionnaires.
Je parcours en chantonnant tes couloirs
Et je suis ta course vers Vienne et Budapesth[5],
Mêlant ma voix à tes cent mille voix,
Ô Harmonika-Zug[6] !

J'ai senti pour la première fois toute la douceur de vivre,
Dans une cabine du Nord-Express[7], entre Wirballen et Pskow[8].
On glissait à travers des prairies où des bergers,
Au pied de groupes de grands arbres pareils à des collines,

1. **Allure :** vitesse.
2. **Bruit :** fait du bruit.
3. **Laquées :** recouvertes de vernis.
4. **Loquets :** serrures.
5. **Vienne et Budapesth :** respectivement, les capitales de l'Autriche et de la Hongrie.
6. **Harmonika-Zug :** train de nuit du chemin de fer allemand qui assurait alors la liaison entre les villes de Delmond et Vesermund.
7. **Nord-Express :** train rapide qui reliait alors Paris à Saint-Pétersbourg.
8. **Wirballen :** ville lituanienne ; **Pskow :** ville russe.

Étaient vêtus de peaux de moutons crues et sales...
(Huit heures du matin en automne, et la belle cantatrice
Aux yeux violets chantait dans la cabine à côté.)
Et vous, grandes places à travers lesquelles j'ai vu passer
la Sibérie[1] et les monts du Samnium[2],
La Castille[3] âpre et sans fleurs, et la mer de Marmara[4] sous une
pluie tiède !

Prêtez-moi, ô Orient-Express, Sud-Brenner-Bahn[5], prêtez-moi
Vos miraculeux bruits sourds et
Vos vibrantes voix de chanterelle[6] ;
Prêtez-moi la respiration légère et facile
Des locomotives hautes et minces, aux mouvements
Si aisés, les locomotives des rapides[7],
Précédant sans effort quatre wagons jaunes à lettres d'or
Dans les solitudes montagnardes de la Serbie,
Et, plus loin, à travers la Bulgarie pleine de roses...

Ah ! il faut que ces bruits et que ce mouvement
Entrent dans mes poèmes et disent
Pour moi ma vie indicible[8], ma vie
D'enfant qui ne veut rien savoir, sinon
Espérer éternellement des choses vagues.

Les Poésies de A.O. Barnabooth, « Ode », 1966 © Éditions Gallimard ■

1. **Sibérie :** région située en Russie.
2. **Monts du Samnium :** chaîne de montagnes située en Italie.
3. **La Castille :** région située en Espagne.
4. **Mer de Marmara :** mer reliant la mer Noire à la Méditerranée.
5. **Orient-Express, Sud-Brenner-Bahn :** trains qui, respectivement, assurent la liaison Paris-Istanbul et Innsbruck-Vérone.
6. **Voix de chanterelle :** voix très aiguës.
7. **Rapides :** trains assurant des liaisons directes.
8. **Indicible :** indescriptible.

3 questions pour vous guider...

1. Dans la première strophe, relevez deux termes qui montrent le bonheur éprouvé dans le train par le poète.
2. « J'ai senti pour la première fois toute la douceur de vivre » (v. 11) : comment Larbaud développe-t-il cette idée dans les deuxième et troisième strophes ?
3. Dans la troisième strophe, qu'est-ce que le poète demande au train ? Pourquoi ?

DOC **6**

Théodore Géricault
Le Derby de 1821 à Epsom

Peintre romantique au destin tragique, Théodore Géricault (1791-1824) se découvre une passion pour les courses hippiques lors d'un séjour en Angleterre. Dans Le Derby de 1821 à Epsom, *toile commandée par un marchand de chevaux, il expose son obsession pour la vitesse et le mouvement en représentant des chevaux lancés au triple galop sur un champ de courses* CAHIER PHOTOS • p. I.

[**La beauté de la vitesse**]

3 questions pour vous guider...

1. Décrivez les différentes composantes du tableau.
2. Comment le peintre a-t-il choisi de représenter les chevaux ?
3. Quelle impression le peintre a-t-il voulu suggérer ?

B Le goût moderne pour la vitesse

Aller vite n'a pas toujours été une **obsession** pour l'homme. Le goût pour la vitesse naît avec la modernité, et en particulier avec les révolutions industrielles du XIXe siècle. Celles-ci ont engendré par la suite de nombreuses innovations technologiques qui constituent autant d'étapes au développement sans précédent de l'**engouement pour la vitesse**. Qu'il s'agisse de l'exploit sportif ou du défi personnel, le goût pour la vitesse semble unanimement partagé. L'une des conséquences de cet enthousiasme pour la vitesse est le rejet du passé : seuls l'avenir et les **possibilités nouvelles** qu'il autorise comptent. La vitesse de nos sociétés modernes ouvre en effet un univers des possibles : chaque opportunité d'aller vite doit être saisie. Le rythme propre aux siècles précédents ne convient plus, il faut **aller droit au but**, franchir le premier la ligne d'arrivée. De nouveaux enjeux se profilent dans ce contexte : la quête de vitesse conduit l'homme à mener une **course au progrès** et au **dépassement des limites** pour accomplir ce qui n'a pas encore été fait jusqu'alors. L'**exploit** et la **gloire** qui s'y attache deviennent une préoccupation première.

Un climat de **compétition**, né d'une faim insatiable pour la vitesse, se met ainsi en place dans nos sociétés. Sous la forme de courses automobiles, la vitesse devient, grâce à une mise en scène savamment orchestrée, un **spectacle** qui nous tient en haleine et nous délecte. La performance des pilotes, associée au progrès réalisé sur les moteurs, subjugue et nourrit encore davantage cette passion. La vitesse devient alors une **nouvelle religion**, en particulier grâce à la voiture qui, pour beaucoup, fait l'objet d'un véritable culte. Nos sociétés modernes sont si imprégnées du goût pour la vitesse que certains vont jusqu'à risquer leur vie pour surpasser ses limites, comme les pilotes qui ont dépassé les premiers le mur du son ou les astronautes qui se propulsent vers les étoiles.

DOC 7

Filippo T. Marinetti
Manifeste du futurisme

Dans ses deux Manifestes du futurisme, *le poète italien Filippo T. Marinetti (1876-1944) décrète, stimulé par les inventions de son temps, que l'homme doit oublier son passé pour se tourner intégralement vers la modernité et l'avenir. Selon lui, la vitesse doit devenir le moteur unique d'une humanité appelée à toujours se surpasser pour enfin accéder au bonheur.*

[La vitesse, synonyme de la société moderne]

Dans le premier manifeste (20 février 1909), je déclarai : la magnificence[1] du monde s'est accrue d'une belle nouveauté, la beauté de la vitesse. Après l'art dynamique[2], la nouvelle religion-morale de la vitesse naît dans cette année futuriste de notre grande guerre libératrice. La morale chrétienne a servi à développer la vie intérieure de l'homme. Elle n'a plus de raison d'exister aujourd'hui, puisqu'il s'est débarrassé de tout le divin.

La *morale chrétienne* délivre la structure physiologique[3] de l'homme des excès de la sensualité. Elle modère ses instincts et les équilibre. La *morale futuriste* défendra l'homme de la décomposition provoquée par la lenteur du souvenir, de l'analyse, du repos et de l'habitude. L'énergie humaine centuplée par la vitesse dominera le Temps et l'Espace.

L'homme commence par mépriser le rythme isochrone[4] et cadencé[5] des grands fleuves, identique au rythme de son propre pas. L'homme envie le rythme des torrents semblable à celui d'un galop de cheval. L'homme dompte les chevaux, les éléphants, les chameaux pour manifester son autorité divine par le moyen d'un accroissement de la vitesse. Faisant alliance avec les animaux les

1. **Magnificence :** grande beauté.
2. **Art dynamique :** conception artistique d'un mouvement permanent à la base de toute création.
3. **Physiologique :** physique, corporel.
4. **Isochrone :** qui a une durée toujours identique.
5. **Cadencé :** bien rythmé.

plus dociles, il enchaîne les animaux rebelles, et se nourrit des animaux comestibles. L'homme dérobe à l'espace l'électricité et les carburants pour créer de nouveaux alliés, les moteurs. L'homme contraint les métaux, vaincus et rendus flexibles grâce au feu, à s'allier avec les carburants et l'électricité. Il forme ainsi une armée d'esclaves, hostiles et dangereux, mais suffisamment domestiqués, qui le transportent rapidement le long des courbes de la terre.

Sentiers tortueux[1], routes qui suivent l'indolence[2] des fleuves et qui tournent le long des dos et des ventres inégaux des montagnes, voici les lois de la terre. Jamais de ligne droite, toujours des arabesques[3] et des zigzags. La vitesse donne finalement à la vie humaine un des caractères de la divinité : la ligne droite.

Le Danube[4] opaque, sous sa soutane[5] de fange, plonge son regard sur sa vie interne pleine de poissons gras, libidineux[6] et féconds[7], passe en gargouillant entre les rives hautes et implacables de ses montagnes comme dans l'immense corridor central de la terre, couvent[8] ouvert aux roues rapides des constellations. Jusqu'à quand ce fleuve pédant[9] permettra-t-il qu'une automobile le dépasse à toute vitesse avec son aboiement de fox-terrier fou ? J'espère voir bientôt le Danube courir en ligne droite à trois cents kilomètres à l'heure.

Manifeste du futurisme, 11 mars 1916, *L'Italie futuriste* ■

3 questions pour vous guider...

1. Pourquoi Marinetti parle-t-il d'emblée de « la beauté de la vitesse » (l. 2-3) ?
2. Quel caractère divin la vitesse donne-t-elle à l'homme, selon Marinetti ? Quelle raison donne-t-il ?
3. Avec quel fleuve Marinetti met-il en concurrence les automobiles ? En quoi lui sont-elles supérieures ?

---

1. Tortueux : avec beaucoup de virages.
2. Indolence : paresse.
3. Arabesques : courbes.
4. Danube : fleuve qui prend sa source en Allemagne et se jette dans la mer Noire.
5. Soutane : habit religieux.
6. Libidineux : lubriques.
7. Féconds : pondeurs.
8. Couvent : monastère.
9. Pédant : prétentieux.

DOC 8

Jean Echenoz

Courir

Courir, du romancier Jean Echenoz (né en 1947), est la biographie romancée du légendaire champion de courses de fond Émile Zatopek (1922-2000). Echenoz montre ici comment l'athlète tchèque, pourtant déjà très rapide, recherche l'exploit en s'entraînant quotidiennement à aller toujours plus vite.

[La vitesse, un goût pour l'exploit]

Ce qu'il ne comprend pas non plus, c'est que les autres, au stade, parlent chaque fois gravement[1] de leur course, avec autant de sérieux que si ça l'était. Or courir, pour Émile, est plutôt devenu un plaisir même s'il comprend aussi que ce plaisir doit s'apprendre. Du coup, c'est lui qui se met à en faire trop. L'hiver, entre deux saisons, il s'entraîne inconsidérément[2] pendant que les autres se reposent chez eux. Il fonce tous les jours sur la route jusqu'au village voisin, huit kilomètres aller-retour sans s'interrompre, et retourne sans cesse au stade bien que ça fatigue et que ça fasse mal. Il s'obstine tellement que les autres commencent à s'inquiéter pour lui. Tu es complètement malade, Émile, s'alarment-ils, tu vas finir par t'épuiser. Travaille plutôt ton style. Mais non, dit-il, le style c'est des conneries. Et puis ce qui ne va pas chez moi, c'est que je suis trop lent. Tant qu'à courir, il vaut mieux courir vite, non ?

Il refuse donc de ne travailler que son endurance, comme eux qui se préparent seulement sur les longs parcours de fond ou de demi-fond qu'ils ont choisi pour domaine. Lui, inversant le système, s'entraîne aussi de plus en plus en vitesse, sur de petites distances indéfiniment répétées, ce qui commence à le faire progresser pas mal.

Pas mal au point de pouvoir envisager de faire face à d'autres spécialistes que les vieux copains de Zlin[3]. Au championnat

---

1. **Gravement :** de manière solennelle.
2. **Inconsidérément :** sans prudence.
3. **Zlin :** ville de la Tchécoslovaquie.

qui oppose, à Prague[1], la Bohême à la Moravie[2], Émile s'inscrit pour la première fois à l'épreuve des quinze cents mètres, se confrontant aux trois meilleurs coureurs tchèques en demi-fond. Ceux-ci, s'étant soigneusement concertés, ont mis au point un plan d'attaque contre le détenteur du record, un nommé Salé. Ce plan est simple. Ils vont courir dès le départ le plus vite possible dans l'idée que ledit Salé, connu comme sprinter, finira par ralentir et cessera de lutter en se voyant trop loin de ce peloton de tête. Tout simple qu'il soit, le système des trois Tchèques est sur le point de marcher, Salé se décourage, les trois Tchèques sont contents. Mais ils ont oublié Émile qui a son point de vue personnel sur la marche à suivre. Lui s'est d'abord contenté de suivre respectueusement Salé puis, voyant que celui-ci va céder, il se permet de le dépasser pour talonner les trois premiers qu'il laisse l'un après l'autre derrière lui. Deux cents mètres avant l'arrivée, il démultiplie sa vitesse, sachant qu'il peut le faire car s'étant préparé pour ça : il gagne.

3 questions pour vous guider...

1. Pourquoi les autres coureurs commencent-ils à « s'inquiéter » (l. 10) pour Émile ?
2. Comment qualifierez-vous la méthode d'entraînement d'Émile ? Qu'a-t-elle de novatrice ?
3. Comment Émile remporte-t-il le championnat opposant la Bohême à la Moravie ?

1. Prague : capitale de la Tchécoslovaquie.

2. La Bohême et la Moravie : régions de la Tchécoslovaquie.

DOC 9

ALESSANDRO BARICCO

Cette histoire-là

Cette histoire-là du romancier italien Alessandro Baricco (né en 1958) raconte l'histoire du jeune Ultimo Parri qui, toute sa vie durant, sera fasciné par la vitesse. Sa passion naît un jour de l'année 1903, alors qu'il part avec ses parents assister à la course d'automobiles qui deviendra légendaire : la Versailles-Madrid. Positionnées sur la ligne de départ, toutes les voitures les plus rapides vont se livrer à une compétition sans merci.

[La vitesse, une compétition moderne]

Dans les jardins du roi[1], à pâturer[2] dans la nuit, paisibles pour le moment, sous les carcasses de fer, autour de leur cœur de pistons[3], les attendaient 224 AUTOMOBILES, arrêtées sur l'herbe, dans une vague odeur d'huile et de gloire. Elles étaient là pour disputer la grande course, de Paris à Madrid, à travers l'Europe, depuis les brouillards jusqu'au soleil.   Laisse-moi aller voir le rêve, la vitesse, le miracle, ne m'arrête pas avec ce regard triste, laisse-moi cette nuit vivre là-bas sur le bord du monde, cette nuit seulement, après je reviendrai   Des jardins de Versailles, *madame,* s'élance la course des rêves, *madame,* Panhard-Levassor[4], 70 chevaux, 4 cylindres en acier perforé, comme les canons, *madame* Les AUTOMOBILES, elles pouvaient aller jusqu'à 140 kilomètres à l'heure, arrachés à des routes de terre et de nids-de-poule[5], contre toute logique et bon sens, en un temps où les trains, sur l'étincelante sécurité des rails, arrivaient difficilement à 120. Tellement qu'en ce temps-là ils étaient certains – certains – qu'un être humain ne pouvait pas aller plus vite : là était la limite ultime, et là était le bord du monde. Ceci explique comment il

---

1. Jardins du roi : jardins du château de Versailles.

2. Pâturer : brouter de l'herbe.

3. Pistons : pièces mécaniques d'un moteur.

7. Panhard-Levassor : célèbre marque d'automobiles d'alors.

5. Nids-de-poule : trous dans la chaussée.

fut possible que cent mille personnes aient débouché de la gare de Versailles, à trois heures du matin, dans la tiède nuit de mai, laisse-moi aller vivre là-bas, sur le bord du monde, cette nuit seulement, je t'en supplie, après je reviendrai   Si une seule d'entre elles remontait la route dans la campagne, ils couraient à perdre haleine au milieu des blés pour aller à la rencontre de ce nuage de poussière, et jaillissant des arrière-boutiques ils couraient comme des enfants pour en voir une passer devant l'église, en hochant la tête.   Mais 224 à la fois, c'était un pur émerveillement. Les plus rapides, les plus lourdes, les plus célèbres. Elles étaient des reines – L'AUTOMOBILE était une reine, car elle n'avait pas encore été pensée servante, elle était née reine, et la course était son trône, sa couronne, les automobiles ça n'existait pas, pas encore, il n'y avait que des REINES, viens les voir à Versailles, en cette tiède nuit de mai, Paris mille neuf cent trois.

Pour partir elles attendirent l'aube. Puis, avec ordre, elles prirent la route pour Madrid.   Le règlement prescrivait qu'elles partent à une minute d'intervalle l'une de l'autre. Le parcours avait été dessiné en trois étapes : l'addition des temps désignerait le vainqueur. Il y avait aussi des motocyclettes : mais ce n'était pas pareil.   L'auto devant toi était un nuage de poussière parti un rien avant. Quand tu entrais dans l'épaisseur du nuage, tu la savais à ta portée. Tu ne la voyais pas, mais tu savais qu'elle était là. Alors tu te jetais là-dedans, à l'aveuglette. Ça pouvait durer comme ça des kilomètres. Quand enfin tu voyais son dos, tu commençais à hurler, pour demander le passage. Tu restais dans cette poussière aveugle jusqu'à ce que tu arrives à sa hauteur et que tu pousses ton museau devant le sien. Alors le nuage s'ouvrait et tu recommençais à voir ce qu'il y avait devant. Tout ce qui surgirait à présent était pour toi, tu l'avais mérité avec cette folie du dépassement, et maintenant ça t'attendait. Un virage en coude, le goulet[1] d'un pont, l'extase d'une ligne droite entre les

1. Goulet : étroit passage.

peupliers. Les roues caoutchoutées frôlaient des fossés, des bornes, des parapets[1] et les visages ébahis[2] d'un public incrédule.

Cette histoire-là, traduit par Françoise Brun, 2005 © Éditions Gallimard ■

3 questions pour vous guider...

1. Pourquoi Baricco qualifie-t-il la Versailles-Madrid de « course des rêves » (l. 10) ?
2. Jusqu'à combien les voitures de course pouvaient-elles alors aller ? Pourquoi est-ce un exploit ?
3. « L'AUTOMOBILE était une reine » (l. 29) : que révèle cette formule quant aux sentiments du public ?

DOC **10**

ROLAND BARTHES
Mythologies

Dans Mythologies, *l'essayiste français Roland Barthes (1915-1980) analyse les mythes modernes sur lesquels se fonde la société française d'après-guerre. En s'appuyant sur l'exemple du succès foudroyant de la nouvelle voiture Citroën, la D.S., il montre comment les progrès techniques ont fait de la vitesse une nouvelle religion.*

[La vitesse, un culte moderne]

Je crois que l'automobile est aujourd'hui l'équivalent assez exact des grandes cathédrales gothiques : je veux dire une grande création d'époque, conçue passionnément par des artistes inconnus, consommée dans son image, sinon dans son usage, par un peuple entier qui s'approprie en elle un objet parfaitement magique.

1. Parapets : murets en bordure de route. **2. Ébahis :** sidérés.

La nouvelle Citroën tombe manifestement du ciel dans la mesure où elle se présente d'abord comme un objet superlatif[1]. Il ne faut pas oublier que l'objet est le meilleur messager de la surnature[2] : il y a facilement dans l'objet, à la fois une perfection et une absence d'origine, une clôture et une brillance, une transformation de la vie en matière (la matière est bien plus magique que la vie), et pour tout dire un silence qui appartient à l'ordre du merveilleux. La « Déesse » a tous les caractères (du moins le public commence-t-il par les lui prêter unanimement) d'un de ces objets descendus d'un autre univers, qui ont alimenté la néomanie[3] du XVIIIe siècle et celle de notre science-fiction : la Déesse est d'abord un nouveau Nautilus[4].

C'est pourquoi on s'intéresse moins en elle à la substance qu'à ses joints[5]. On sait que le lisse est toujours un attribut de la perfection parce que son contraire trahit une opération technique et tout humaine d'ajustement : la tunique du Christ[6] était sans couture, comme les aéronefs[7] de la science-fiction sont d'un métal sans relais. La D.S.19 ne prétend pas au pur nappé[8], quoique sa forme générale soit très enveloppée ; pourtant ce sont les emboîtements de ses plans qui intéressent le plus le public : on tâte furieusement la jonction[9] des vitres, on passe la main dans les larges rigoles[10] de caoutchouc qui relient la fenêtre arrière à ses entours de nickel. Il y a dans la D.S. l'amorce d'une nouvelle phénoménologie[11] de l'ajustement, comme si l'on passait d'un monde d'éléments soudés à un monde d'éléments juxtaposés et qui tiennent par la seule vertu[12] de leur forme merveilleuse, ce qui, bien entendu, est chargé d'introduire à l'idée d'une nature plus facile.

---

1. Superlatif : exagéré.
2. De la surnature : du surnaturel.
3. Néomanie : passion de la nouveauté.
4. Nautilus : sous-marin perfectionné imaginé par Jules Verne dans son roman *Vingt mille lieues sous les mers* (1870).
5. Joints : intervalles entre deux éléments.
6. Tunique du Christ : la Sainte tunique fut portée par Jésus Christ avant d'être crucifié.
7. Aéronefs : ballons dirigeables.
8. Nappé : recouvert de manière uniformément lisse.
9. Jonction : assemblage.
10. Rigoles : canaux.
11. Phénoménologie : courant philosophique qui se concentre sur l'étude des phénomènes.
12. Vertu : qualité.

Quant à la matière elle-même, il est sûr qu'elle soutient un goût de la légèreté, au sens magique. Il y a retour à un certain aérodynamisme, nouveau pourtant dans la mesure où il est moins massif, moins tranchant, plus étale[1] que celui des premiers temps de cette mode. La vitesse s'exprime ici dans des signes moins agressifs, moins sportifs, comme si elle passait d'une forme héroïque à une forme classique. Cette spiritualisation[2] se lit dans l'importance, le soin et la matière des surfaces vitrées. La Déesse est visiblement exaltation[3] de la vitre, et la tôle n'y est qu'une base. Ici, les vitres ne sont pas fenêtres, ouvertures percées dans la coque obscure, elles sont grands pans d'air et de vide, ayant le bombage étalé et la brillance des bulles de savon, la minceur dure d'une substance plus entomologique[4] que minérale (l'insigne[5] Citroën, l'insigne fléché, est devenu d'ailleurs insigne ailé, comme si l'on passait maintenant d'un ordre de la propulsion à un ordre du mouvement, d'un ordre du moteur à un ordre de l'organisme).

Il s'agit donc d'un art humanisé, et il se peut que la Déesse marque un changement dans la mythologie automobile. Jusqu'à présent, la voiture superlative tenait plutôt du bestiaire[6] de la puissance ; elle devient ici à la fois plus spirituelle et plus objective, et malgré certaines complaisances[7] néomaniaques (comme le volant vide), la voici plus ménagère, mieux accordée à cette sublimation[8] de l'ustensilité[9] que l'on retrouve dans nos arts ménagers contemporains : le tableau de bord ressemble davantage à l'établi d'une cuisine moderne qu'à la centrale d'une usine : les minces volets de tôle mate, ondulée, les petits leviers à boule blanche, les voyants très simples, la discrétion même de la nickelerie[10], tout cela signifie une sorte de contrôle exercé sur le mouvement, conçu désormais comme confort plus que comme

1. **Étale :** immobile, calme.
2. **Spiritualisation :** action de devenir spirituel.
3. **Exaltation :** passion.
4. **Entomologique :** qui concerne les insectes.
5. **Insigne :** logo.
6. **Bestiaire :** répertoire qui inventorie différents animaux.
7. **Complaisances :** facilités, indulgences.
8. **Sublimation :** idéalisation.
9. **Ustensilité :** caractère de ce qui est utile.
10. **Nickelerie :** finition en métal argenté.

performance. On passe visiblement d'une alchimie[1] de la vitesse à une gourmandise de la conduite.

Il semble que le public ait admirablement deviné la nouveauté des thèmes qu'on lui propose : d'abord sensible au néologisme[2] (toute une campagne de presse le tenait en alerte depuis des années), il s'efforce très vite de réintégrer une conduite d'adaptation et d'ustensilité (« Faut s'y habituer »). Dans les halls d'exposition, la voiture témoin est visitée avec une application intense, amoureuse : c'est la grande phase tactile de la découverte, le moment où le merveilleux visuel va subir l'assaut raisonnant[3] du toucher (car le toucher est le plus démystificateur de tous les sens, au contraire de la vue, qui est le plus magique) : les tôles, les joints sont touchés, les rembourrages palpés, les sièges essayés, les portes caressées, les coussins pelotés ; devant le volant, on mime la conduite avec tout le corps.

Mythologies, « La Nouvelle Citroën », 1957 © Éditions du Seuil ■

3 questions pour vous guider...

1. Selon Roland Barthes, de quoi les voitures sont-elles désormais l'équivalent exact ?
2. Dans le deuxième paragraphe, relevez deux raisons pour lesquelles, selon Barthes, la D.S. « tombe manifestement du ciel » (l. 7).
3. Dans le dernier paragraphe, à quoi voit-on que la D.S. est l'objet d'un culte par les automobilistes ?

---

1. **Alchimie :** transformation.
2. **Néologisme :** mot créé de toutes pièces.
3. **Raisonnant :** s'appuyant sur le raisonnement.

DOC **11**

Philip Kaufman
L'Étoffe des héros

Adapté du roman à succès de Tom Wolfe, L'Étoffe des héros *est un film du cinéaste américain Philip Kaufman (né en 1936) qui raconte l'histoire des pilotes d'essais dans l'Amérique de l'après Seconde Guerre mondiale. Il se concentre notamment sur l'aventure de Chuck Yeager qui, au prix d'efforts sans relâche et de nombreux concours de vitesse, finit par franchir le mur du son dans son avion* CAHIER PHOTOS • p. II.

[**Passer le mur du son**]

3 questions pour vous guider...

1. Décrivez les différentes composantes de l'affiche.
2. Observez la pose des astronautes : comment l'interprétez-vous ?
3. De quoi le texte présent sur l'affiche fait-il l'éloge ?

C Une société en constante accélération

Nos sociétés modernes ne se caractérisent pas uniquement par le goût pour la vitesse dans les domaines sportif et scientifique ; l'**accélération du temps** concerne tous les domaines de la vie. Nous le ressentons aussi bien dans une dimension individuelle que collective : le rythme de nos vies dans la société moderne est en constante accélération, à tel point que la vitesse devient le maître mot du quotidien, au travail comme chez soi. Les exemples de phénomènes d'accélération sont nombreux. Les transports ne sont plus un moment de transition ou de pause entre deux lieux mais une **perte de temps** significative, il faudrait donc les écourter autant que possible. Quant aux attentes économiques, elles ne cessent de croître en même temps que se multiplient les concurrents. Les exigences de la **société capitaliste** sont de plus en plus pressantes ; la **rentabilité à court terme**, voire à très court terme, tend à dicter les lois du marché. La vitesse n'est ainsi plus considérée comme un atout pour une entreprise ou un employé, mais comme la condition de sa pérennité ou de sa survie.

La **cadence frénétique** de nos sociétés se reporte jusque dans les comportements individuels. D'une part, les divertissements et les loisirs choisis ne sont plus les mêmes, la tendance générale privilégiant les divertissements à **satisfaction rapide** ; de l'autre, les façons de consommer les loisirs changent elles aussi : à l'image du visionnage en accéléré des films ou des séries télévisées qui rassemble de plus en plus d'adeptes, les pratiques favorisent **l'optimisation et le gain de temps**. De plus en plus, vivre dans la société moderne en constante accélération tend à nous faire confondre vitesse et instantanéité. Au risque de se laisser envahir par l'angoisse et le stress, et de perdre le contrôle de nos vies.

DOC **12**

PHILIPPE SOULLIER

La rapidité d'exécution, clé de la réussite

Philippe Soullier a longtemps été au sein des directions financières et opérationnelles de grands groupes anglo-saxons. Fort de cette expérience, il revient dans cet article du site internet de Capital *sur la mutation profonde du monde des entreprises. Désormais, toutes les sociétés font de la vitesse la clé de leur réussite. La rapidité s'impose comme la compétence première au travail, aussi bien dans l'exécution des tâches que dans la course engagée avec les entreprises concurrentes.*

[La vitesse, compétence clé au travail]

Hier encore, la taille d'une entreprise lui suffisait pour tenir à distance ses concurrents. Aujourd'hui, ce sont l'agilité[1] et la rapidité

1. Agilité : adresse.

d'exécution qui confèrent des avantages concurrentiels. Pourquoi ? Éléments de réponse de Philippe Soullier, président du cabinet de management de transition[1] de Valtus.

La crise de 2008 a marqué un tournant inéluctable[2] et irréversible pour les entreprises. Aussi soudaine qu'inattendue, cette rupture a fondamentalement remis en question et en cause les organisations.

Parallèlement, les outils informatiques et les nouvelles technologies accentuent et accélèrent le besoin d'adaptation et de transformation des organisations. Plus rien n'est acquis. Aucune entreprise n'est à l'abri de tomber de son piédestal[3], de perdre des parts de marché, d'être durement ébranlée par de petits challengers...

Les modèles traditionnels basés sur des strates hiérarchiques surabondantes[4] et sur un fonctionnement en silos[5] ont trouvé leurs limites. Les organigrammes[6] fondent alors comme neige au soleil pour gagner en compétitivité, en agilité, et en rapidité d'exécution. Cette dernière est d'ailleurs aujourd'hui une compétence capitale, voire même vitale.

Les modèles de gouvernance sont, eux aussi, obligés de muer pour s'adapter, faciliter et fluidifier les prises de décision. Dernièrement c'est le groupe Auchan qui s'est plié à l'exercice pour gagner en souplesse et en rapidité. Renommé Auchan Holding, le groupe a restructuré ses activités autour de trois entités autonomes : Auchan Retail pour le commerce alimentaire, Immochan pour l'immobilier commercial et Oney Banque Accord pour les activités financières. En termes de gouvernance, il va opter pour un conseil de surveillance et un directoire en lieu et place d'un conseil d'administration et d'un p-dg exécutif.

---

1. Management de transition : aider une entreprise à passer un cap de transformation.
2. Inéluctable : inévitable.
3. Piédestal : position de supériorité.
4. Surabondantes : trop nombreuses.
5. En silos : sans communication avec les différentes instances.
6. Organigrammes : schémas d'organisation.

Être rapide pour rester dans une course devenue effrénée

La rapidité d'adaptation, d'action et d'exécution est en effet devenue un élément-clé pour conserver l'agilité nécessaire aux transformations et pour ne pas se faire distancer. D'autant que l'allure de la course ne cesse de s'accélérer ! La vitesse est devenue une caractéristique du monde actuel.

Ne vit-on pas dans un monde où les réputations se font et se défont à la vitesse d'un post sur les réseaux sociaux ? Dans ce monde où les consom'acteurs disposent d'une force de nuisance prodigieuse ? La seule parade[1] est alors d'être en capacité d'agir et de réagir rapidement pour protéger son image de marque. Car le bad buzz[2] guette. Et si transformer le bad buzz en good buzz[3] n'est pas une mission impossible, cela nécessite doigté et rapidité. Ainsi, quand La Redoute se trouve dans la tourmente suite à la découverte d'un homme nu en arrière-plan d'une photo de son catalogue, l'entreprise présente, sans tarder, ses excuses et retire la photo incriminée. Mais surtout, elle rebondit en organisant un jeu où les internautes doivent trouver les erreurs qui ont été glissées dans les photos du site. Une réaction rapide et intelligemment orchestrée, saluée par les internautes !

Au-delà de ces crises de communication plus brutales et soudaines que jamais, la rapidité d'évolution des usages et des comportements bouleverse la structure même des entreprises : leur business model[4]. Ne vit-on pas dans un monde où les « Uber et cie » sont déjà, eux-mêmes, en passe de se faire « ubériser » ? Le cycle de vie des business models se raccourcit. Il faut pouvoir être toujours en alerte, dans l'anticipation et l'innovation pour réagir aux signaux, même faibles, du marché, en réinventant son business model en un temps record. Toujours se remettre en question et s'adapter. Notamment à l'international. La fin de l'ère de la standardisation et l'essor du « glocal », qui peut être résumé par « think global, act local » (penser global, agir local), implique, là

1. Parade : échappatoire.
2. Bad buzz : mauvaise réputation.
3. Good buzz : bonne réputation.
7. Business model : modèle de développement d'entreprise.

encore, une transformation rapide des modèles. Ainsi, un certain nombre de grands groupes, tel Airbus[1], essaiment[2] des unités d'assemblage, voire de production, localement, entraînant leurs sous-traitants dans l'aventure internationale. Cette internationalisation soudaine et non anticipée n'est pas toujours aisée à gérer, surtout dans les délais impartis[3].

Qui peut, aujourd'hui, réellement agir avec promptitude ?

Le besoin de rapidité est donc omniprésent et touche indifféremment petites et grandes entreprises, et ce, quel que soit leur secteur d'activité. Une rapidité d'action qui s'avère pourtant parfois difficile à trouver, en particulier au sein d'organigrammes émaciés[4] suite à la crise. C'est pourquoi les entreprises s'appuient de plus en plus souvent sur des partenaires externes, managers de transition, capables de leur apporter la promptitude[5] nécessaire et un accompagnement opérationnel ponctuel, sur mesure et de haut niveau. En optant pour le management de transition, elles font le choix d'une solution qui leur garantira une mise en œuvre rapide et efficace de leurs projets stratégiques !

« La rapidité d'exécution, clé de la réussite »,
© Prisma Media/Philippe Soullier, 14/01/2016 ■

3 questions pour vous guider...

1. Pourquoi la crise de 2008 a-t-elle marqué un « tournant » (l. 6) pour toutes les entreprises ?
2. Des lignes 32 à 51, quelles raisons le journaliste avance-t-il pour expliquer que les sociétés doivent aller toujours plus vite ?
3. Donnez un exemple de société obligée d'adapter sa stratégie de développement afin de rester compétitive.

---

1. **Airbus :** compagnie européenne de construction aéronautique.
2. **Essaiment :** répartissent en groupes.
3. **Impartis :** fixés.
4. **Émaciés :** radicalement diminués.
5. **Promptitude :** capacité de réaction.

DOC **13**

Anne Demoulin

« Speed Watching » : trop de séries télé ? Matez-les en accéléré !

Journaliste au service culturel du quotidien 20 Minutes, Anne Demoulin évoque dans cet article un nouveau phénomène de société : le « speed watching ». Dans une société qui va de plus en plus vite, le « speed watching », littéralement « visionnage rapide », consiste à regarder des films ou des séries télévisées en accéléré pour gagner encore plus de temps.

[La vitesse, nouvelle caractéristique des loisirs]

Face à l'offre pléthorique[1] de séries télévisées, certains regardent leurs fictions préférées en vitesse accélérée…

Pas une minute à perdre, même quand il s'agit de se détendre. Après le *binge watching*, pratique qui consiste à se gaver de plusieurs épisodes d'une même série, place au *speed watching*, méthode qui consiste à regarder un maximum de fictions en un minimum de temps. Les *series addicts*[2] *visionnent Walking Dead*, *Westworld* et autres *Jour Polaire* en accéléré. Explications.

Des séries jusqu'à la lie

Trop de séries à mater, et pas assez de temps. Selon un rapport de FX Research Networks, 455 séries ont été produites rien qu'aux États-Unis en 2016. 8 % de plus qu'en 2015 avec 421 séries, 71 % de plus qu'en 2011 avec ses 266 séries, 137 % de plus qu'en 2006, avec 192 séries. Et ce n'est pas prêt de s'arrêter ! « Le pic sera, au minimum, atteint en 2017. Et le phénomène d'inertie[3] est tel que l'on peut très bien entrevoir une croissance jusqu'en 2018 », estime le patron de FX, John Landgraf, qui annonce un pic de plus de 500 séries télévisées en 2017 !

---

1. Pléthorique : excessive.
2. *Series addicts* : drogués aux séries.
3. Phénomène d'inertie : force qui s'exerce dans un mouvement de très grande vitesse.

Pourquoi cette folie ? L'offre des chaînes câblées incluses dans la plupart des bouquets de base (FX, AMC, USA) a été multipliée par cinq depuis 2002. Depuis 2009, le nombre de séries lancées par Amazon, Netflix, Hulu et Crackle est passé de 4 à 93. Leur nombre a même doublé lors de la seule année écoulée (46 en 2015). À l'inverse, les grandes chaînes gratuites nationales (ABC, NBC, CBS, Fox) qui fournissaient 74 % des programmes en 2002 ne représentent que 31 % de l'offre en 2016.

La France n'est pas en reste avec ses 81 séries, et les quelques 727 soirées séries alignées rien que sur les chaînes hertziennes[1].

« Avec 1 310 séries produites par an dans le monde, on a atteint un sommet », a résumé Tim Davie, directeur général de BBC Worldwide, au Festival de la fiction TV de la Rochelle en 2016. « Nous vivons l'âge d'or des séries », s'est-il félicité. Si côté production, on se réjouit, le sériephile frôle quant à lui l'indigestion.

Des vidéos à n'importe quel tempo

Comme les jours ne rallongent pas, les accros aux séries sont passés en vitesse accélérée. N'importe quel lecteur DVD propose cette option. YouTube permet de sélectionner un facteur d'accélération sur son lecteur variant de 0,25 fois à 2 fois plus vite. On peut moduler sa vitesse de lecture sur VLC[2]. Sur Google Chrome, l'extension Video Speed Controller permet de faire du *speed watching* sur de nombreux services, comme Netflix, Vimeo et Amazon Prime. L'interface américaine TiVo propose même l'option Quick Mode, qui accélère jusqu'à 1,3 fois et corrige la voix des acteurs, histoire que Jon Snow[3] ne se retrouve pas avec la voix d'un Chipmunk[4] et perde toute crédibilité.

1. **Chaînes hertziennes :** chaînes de télévision dont la diffusion n'est pas exclusivement assurée par voie numérique.
2. **VLC :** logiciel informatique de lecture de fichiers vidéo.
3. **Jon Snow :** un des personnages principaux de la série américaine à succès *Game of Thrones*.
4. **Chipmunk :** personnages de séries animées américaines, caractérisés par leur voix suraiguës.

Selon une étude menée par des chercheurs de l'université d'Haifa, Karen Banai et Yizhar Lavner, il paraît qu'on s'y habitue très bien. Ces chercheurs israéliens ont montré que le cerveau humain est capable de s'habituer sur le long terme à entendre des dialogues accélérés. Tout est une question d'habitude et de progression selon Jan Rezab dans *Forbes*[1] qui confie : « Cela fait deux ans que je regarde en accéléré et maintenant, je trouve aussi confortable de regarder mes programmes deux fois plus vite qu'à la vitesse normale. »

« J'ai regardé des vidéos YouTube en vitesse x1,25 pendant trois jours et je ne m'en suis même pas rendu compte », confie un Twittos[2]. Le revers de la médaille ? « Je ne peux plus regarder la télévision en temps réel. J'ai besoin de pouvoir faire défiler plus rapidement et de rembobiner, d'accélérer et de ralentir, d'être capable de morceler mon attention », écrit de son côté Jeff Guo dans les colonnes du *Washington Post*.

Visionner plus en speedant

Le phénomène du *speed watching* est difficilement chiffrable, probablement embryonnaire, mais en plein essor. Tout a commencé par le papier de Jeff Guo en juin dernier : « J'ai une habitude qui terrifie la plupart des gens. Je regarde la télévision et les films en accéléré. » Il comptait alors 100 000 utilisateurs de l'extension Video Speed Controller, ils sont désormais 200 000. « Oh mon Dieu ! Je regrette tout le temps que j'ai perdu avant de trouver ce bijou !! », s'exclame un utilisateur de l'extension. « La vie est courte. Ne perdez pas votre temps à regarder des vidéos à la vitesse normale », s'exclame un autre. « Je regarde des tonnes de vidéos, de conférences et de séries. Cette extension m'aide à gagner du temps. Imaginez celui que vous gagnerez en visionnant vos vidéos 30 % plus vite », conclue une troisième. Ces enthousiastes restent pour le moment des marginaux. 1 505 personnes ont répondu au sondage informel du producteur David Chen

---

1. Forbes : magazine économique américain. **2. Twittos :** utilisateur du réseau social Twitter.

sur Twitter : « Regardez-vous des séries ou des films ou écoutez-vous des podcasts en accéléré ? » 79 % ont répondu « non, c'est une abomination », 16 % ont répondu « oui, pour des podcasts », et seulement 5 % ont avoué le faire pour des podcasts, des films et des séries.

« "Speed Watching" : trop de séries télé ? Matez-les en accéléré ! »,
20minutes.fr, 05/01/2017 ■

3 questions pour vous guider...

1. Comment l'explosion du nombre de séries depuis une vingtaine d'années s'explique-t-elle ?
2. Relevez des lignes 35 à 61 deux raisons qui rendent le « speed watching » possible.
3. Le phénomène du « speed watching » est-il parvenu, selon la journaliste, à son plus haut niveau d'utilisateurs ?

DOC **14**

Christian Delporte
Quand l'info devient instantanée

Dans cet article écrit pour La Revue des médias, *Christian Delporte analyse l'évolution de la vitesse d'une information dans les médias. Retraçant l'histoire de la presse, depuis les journaux jusqu'aux sites internet, il démontre que les logiques d'information n'ont pas changé depuis le* XIXe *siècle. Seule évolue la vitesse toujours croissante de diffusion des nouvelles.*

[La course à l'information]

L'émergence[1] de la radio puis de la télévision au XXe siècle n'a pas bouleversé les logiques d'information installées par la presse à la fin du XIXe siècle. Ce qui change, c'est la transformation de la temporalité : de quotidienne, elle devient instantanée.

---

1. Émergence : naissance.

Chaque étape de la révolution médiatique, caractéristique de la transformation des sociétés contemporaines, est marquée par une accélération de l'information : après l'émergence de la presse de masse[1] (fin XIXe siècle), c'est à la radio puis à la télévision d'y contribuer au XXe siècle. Toutefois, ni la radio ni la télévision ne bouleversent les logiques d'information établies avant leur apparition. Elles les rendent simplement plus complexes et l'existence d'une information audiovisuelle aboutit à produire un système médiatique dominé par les interactions et l'interdépendance entre les différents supports d'expression. Elles les adaptent aussi aux possibilités et aux contraintes spécifiques du son et de l'image.

Reste que le développement incessant des moyens, notamment techniques (puissance des ondes, couverture nationale, améliorations matérielles, allongement de la diffusion…), débouche sur une mutation essentielle : l'information, longtemps quotidienne, tend à l'instantanéité. Plus que sa nature, c'est sa temporalité qui se transforme, de telle sorte que, dès les années 1960, une fois le système tri-médiatique établi, une distribution des rôles s'opère : la radio annonce les nouvelles, la télévision les montre, la presse écrite les commente.

Ce qui définit également l'information audiovisuelle, c'est sa puissance d'impact, alors qu'aujourd'hui encore, les journalistes qui y collaborent représentent moins d'un quart de la profession (9 % en 1964, 17 % en 1990), malgré l'explosion des chaînes et des stations depuis plus de trente ans.

La presse de masse définit les logiques d'information

Si la radio et la télévision, par leur audience, dominent peu à peu le paysage médiatique au cours du XXe siècle, c'est bien la presse écrite qui détermine les grandes catégories de l'information moderne à la fin du siècle précédent. Les pionniers de l'audiovisuel ont moins inventé des genres qu'ils n'ont adapté aux particularités du son et de l'image ceux qui caractérisaient les journaux de masse.

---

1. De masse : diffusée au plus grand nombre.

Fait divers, grand reportage, interviews, gros titres, rubricage[1], souci de publier la nouvelle la plus fraîche, etc., tout est là, déjà, dans les quotidiens de masse, à la Belle Époque. Les règles de l'information, de la source à la sélection de l'information, en passant par la vérification et le recoupement, définissent désormais la pratique journalistique. Même si elle n'est pas théorisée, la « loi de la proximité » selon laquelle l'intérêt du lecteur se fonde sur le lien d'identification (idéologique, géographique, socioprofessionnel, psychoaffectif...) qu'il entretient avec la nouvelle, guide le tri des informations, leur hiérarchisation et la composition des « unes ».

La « nouvelle », en effet, devient la substance de l'information et l'instantanéité de sa publication, autant que le permettent les horaires de bouclage[2], le défi que se lancent les journaux pour gagner la bataille de la concurrence. Information et vitesse sont désormais intimement liées par le flux de nouvelles de plus en plus planétaires. Les agences de presse, à commencer par Havas (1835), réputée pour la rapidité et la fiabilité de ses informations, alimentent les journaux en dépêches, et notamment la rubrique « Dernière heure », composée juste avant tirage. Grâce au télégraphe, les grands quotidiens s'équipent en fils spéciaux (1874), puis figurent parmi les premiers abonnés au téléphone. La nouvelle presse est alors caractéristique d'une société qui s'industrialise et s'urbanise, se décloisonne, se mondialise, s'accélère sous l'effet de la révolution des transports et des mutations technologiques, bref qui redéfinit profondément ses repères. Comme le note le journaliste Auguste de Chambure, en 1914, si l'information se fait toujours plus rapide, c'est « parce que le public [...] n'a plus une minute à perdre ».

« Quand l'info devient instantanée », larevuedesmedias.ina.fr, 20/10/2016 ■

1. Rubricage : organisation du journal en fonction des rubriques.

2. Bouclage : boucler l'édition du jour d'un journal.

3 questions pour vous guider...

1. À quoi correspond, pour l'auteur, chaque étape de la révolution médiatique (l. 5-15) ?
2. Qu'est-ce que « la loi de proximité » (l. 42-43) dans la presse ? Justifiez votre réponse en vous appuyant sur le texte.
3. Comment Auguste de Chambure explique-t-il l'accélération de la diffusion des nouvelles ?

DOC **15**

Paul Morand

L'Homme pressé

Romancier connu pour sa peinture de la société moderne, Paul Morand (1888-1976) présente dans L'Homme pressé *l'histoire de Pierre Niox, antiquaire parisien qui ne supporte pas de perdre une seule minute. Obsédé par le temps, il s'emploie constamment à tout faire le plus rapidement possible. Pierre rencontre ici le docteur Zacharie Regencrantz, qui s'intéresse cliniquement à cet homme pressé, mais surtout stressé.*

[Un rythme de vie rapide mais stressant]

L'homme détournait sans cesse la tête, comme poursuivi ; à deux reprises il regarda si sa montre avait du nouveau à lui conter[1]. À peine eut-il passé plus d'une ou deux minutes sur sa chaise qu'il frappa à nouveau dans ses mains, bouscula le vieux garçon[2] qui traînait la jambe, insista pour avoir à boire.

Derrière la dame du comptoir qui étageait des chiffres[3] s'ouvrait toute une panoplie d'apéritifs. Le visiteur regarda les sirops et alcools de couleur avec mélancolie, avec envie, avec passion. Ses jambes se mirent à trembler ; ses genoux s'entrechoquaient ; il serra les poings, se tendit pour résister, soupira et cédant soudain

1. Conter : raconter.
2. Garçon : serveur du restaurant.
3. Étageait des chiffres : empilait les tickets des additions.

à son désir, libérant brusquement son élan, bondit jusqu'à l'étagère; il rasa du bras cette pièce montée qu'était la coiffure de la caissière, s'empara au hasard d'une bouteille de quinquina[1], mit le doigt dans l'anse d'un bock[2] en passant devant la desserte[3], non sans avoir saisi de l'autre main un siphon[4] au vol, sauta à bas des deux marches et retomba sur sa chaise. Après avoir précipité dans son verre à bière l'eau de Seltz[5] et le Dubonnet[6] – et à la fois, pour gagner du temps – il but d'un trait.

Alors seulement il s'aperçut qu'il n'avait jamais eu soif.

– Monsieur, puis-je à votre table prendre place?

Le consommateur toisa le nouveau venu.

– Est-ce pour faire mon portrait? Je vous préviens qu'on n'a jamais pu me croquer[7]; je ne tiens pas en place.

– Permettez que je me présente: docteur Zacharie Regencrantz, d'Iéna[8]. Voici ma carte. La vôtre s'il vous plaît? Votre comportement m'a intéressé vivement, monsieur... monsieur Pierre Niox. Je vous suivais avec les yeux depuis votre entrée au restaurant. Piquant! Mon attention avait été attirée par votre hautement brusque irruption sur la terrasse. Je vous ai vu comme vous avez bondi! À moi, spécialisé dans l'étude des mouvements impulsifs et dans l'anatomie des réflexes, votre fougue m'est parue très extraordinaire, pas du tout proportionnée avec son objet. Cela avait de l'originalité et même de la beauté. Dans la manière d'une panthère sautant sur un moustique. Ah! Ah! Ah!

Le docteur discourait lentement, avec ambages et incidentes[9], avançant comme sur la pointe des pieds dans un langage qu'il avait évidemment plus l'habitude de lire que de parler; il perdait l'équilibre et se rattrapait de son mieux sur la syntaxe glissante.

---

1. **Quinquina:** vin apéritif péruvien.
2. **Bock:** chope de bière.
3. **Desserte:** meuble qui sert à disposer les plats que l'on débarrasse de la table.
4. **Siphon:** bouteille généralement d'eau gazeuse.
5. **Eau de Seltz:** eau pétillante.
6. **Dubonnet:** apéritif à base de quinquina.
7. **Me croquer:** faire mon portrait.
8. **Iéna:** ville allemande.
9. **Avec ambages et incidentes:** en faisant des détours et des digressions.

– Jusqu'ici rien d'anormal, mon cher monsieur. Je vous classai d'emblée parmi les subjects-paroxystes[1]-avides-de-se-satisfaire-rapidement, ayant d'abord imaginé que vous aviez bondi afin de raccourcir la distance qui vous séparait de l'instant où vous boiriez, puisque la soif paraissait être le *Mittelpunkt,* le centre de votre activité. Mais le fait nouveau, celui qui volontiers demanderait un commentaire clinique et peut-être même une grosse monographie[2], c'est qu'après avoir rempli, sous la pression d'un besoin en apparence ardent[3] mais qui en réalité n'était pas ardent, votre verre, vous n'y avez plus touché, pour ainsi dire.

L'Homme pressé, 1941 ■

3 questions pour vous guider...

1. Pourquoi le personnage apparaît-il comme un homme « poursuivi » (l. 1) ? À quoi cela est-il visible ?
2. Dans quelle discipline le docteur est-il spécialisé ?
3. Pourquoi le docteur désire-t-il rencontrer le personnage de l'homme pressé ?

---

1. Subjects-paroxystes : sujets hystériques.
2. Monographie : étude complète et détaillée sur un sujet précis.
3. Ardent : passionné.

SUJET 1 La vitesse, un plaisir incomparable

Parmi toutes les sensations que peut connaître l'homme, la vitesse s'impose comme l'une des plus remarquables. Unique, elle procure un sentiment de bonheur parfois proche de l'extase lorsque l'accélération s'intensifie et que le risque s'accroît. Mais de quel plaisir s'agit-il exactement? Le risque et l'effort demandés pour se dépasser ne nuisent-ils pas à l'ivresse suscitée par la vitesse?

Les sites à explorer

- **Vitesse et plaisir: interview avec Sébastien Loeb**
  https://www.facebook.com/watch/?v=10155694421943781

  En 2017, Sébastien Loeb, neuf fois champion du monde de rallye, est interrogé par France 3 Alsace en qualité d'invité d'honneur de la 61e édition de la Course de Côte à Turckheim en Alsace. Retiré de la compétition depuis 2013, le champion le plus titré de l'histoire des rallyes explique à la journaliste la sensation de plaisir unique qu'il éprouve au volant des voitures de course. Il explique également pourquoi les automobiles ont pu, par leur puissance, le faire rêver et l'inciter à faire carrière.

- **La vitesse, de la souffrance à la joie: interview avec Brice Feillu**
  https://video.eurosport.fr/cyclisme/paris-roubaix/2019/video-paris-roubaix-brice-feillu-de-la-souffrance-mais-du-plaisir-aussi_vid1185768/video.shtml

  La mythique course cycliste du Paris-Roubaix est l'occasion de joies aussi bien que de souffrances. Dans cet entretien de 2019 accordé à la chaîne de sports Eurosport avant le départ, le coureur cycliste Brice Feillu confie ce qui le motive à enfourcher son vélo. S'il insiste en premier lieu sur les efforts physiques importants à fournir pour être un champion de haut niveau, il indique cependant que la satisfaction d'une course gagnée est incomparable et efface tous les désagréments. La vitesse se présente à lui comme un plaisir sans commune mesure.

VERS L'EXPOSÉ

1. La vitesse fait-elle rêver ?

Visionnez la vidéo de France 3 Alsace dans laquelle s'exprime Sébastien Loeb et dégagez deux raisons pour lesquelles le coureur automobile affirme que la vitesse fait rêver.

2. La vitesse, un moyen de se dépasser ?

Visionnez, dans le cadre d'un exposé, l'entretien de Brice Feillu pour en faire le point de départ d'une réflexion plus large sur le goût de l'effort physique et technologique que suppose la vitesse.

SUJET 2 Décomposer le mouvement pour comprendre la vitesse

Comprendre la vitesse consiste enfin à s'intéresser à toutes les étapes qui forment le mouvement et déterminent la possibilité de l'accélération. Les avancées scientifiques et technologiques des XIXe et XXe siècles ont rendu possible la saisie de ces phénomènes jusque-là difficiles à appréhender. Mais qu'apporte exactement la photographie pour comprendre la vitesse ? Comment la peinture de la décomposition du mouvement d'un homme témoigne-t-elle de la passion moderne pour la vitesse ?

Les sites à explorer

- **Étienne-Jules Marey, le chasseur de temps**
  https://www.youtube.com/watch?v=u-fvGSXnX5k

Médecin et scientifique français, Étienne-Jules Marey (1830-1904) a très tôt été fasciné par la vitesse, et en particulier par le galop des chevaux. Comme l'explique cette vidéo du Blob publiée en 2018, il a ainsi cherché à en décomposer le mouvement ; par ses recherches, il est à l'origine de l'invention du cinéma. En effet, voulant observer dans le détail le vol des oiseaux, il profite des avancées technologiques de son temps pour mettre au point le fusil photographique qui, en douze clichés, permet de photographier sur le vif un être en mouvement.

- **Marcel Duchamp, la peinture même**
  https://www.youtube.com/watch?v=zfZugKZDDFY
  Peintre français, Marcel Duchamp (1887-1968) a cherché dès ses premiers tableaux à représenter le mouvement. C'est avec *Nu descendant un escalier n° 2*, comme le montre cette vidéo du site l'Expoaparis, à l'occasion de l'exposition qui lui a été consacrée en 2014 au Centre Pompidou, qu'il atteint son but. À la croisée des courants du cubisme, qui décompose les sujets, et du futurisme, qui insiste sur le mouvement, cette toile propose un nu qui, littéralement, descend un escalier. S'inspirant des travaux photographiques de Marey et profitant des progrès scientifiques, Duchamp offre un tableau qui représente chaque mouvement du corps.

VERS L'EXPOSÉ

1. La technologie, outil de la vitesse ?

Visionnez, dans le cadre d'un débat, la présentation des travaux de Étienne-Jules Marey pour considérer plus largement le rôle de la technologie dans la vitesse. S'agit-il uniquement d'un moyen de connaître la vitesse ou ne s'agit-il pas aussi bien d'un outil pour la décupler ?

2. La vitesse, une préoccupation moderne ?

Mettez en évidence, dans la vidéo sur Marcel Duchamp, en quoi la peinture cubiste et futuriste, fascinée par la vitesse, n'a été rendue possible que par les avancées technologiques de la société moderne.

CHAPITRE 2

Ralentir : une nécessité ?

et pour entrer
dans le vif du sujet…

CINÉ & Cie p. 58

Un film pour entrer dans le vif du sujet

«**Vivre l'amour du risque au volant**»: tel pourrait être le slogan de *Rush*, le film de Ron Howard. Fondé sur une histoire vraie, le film retrace une période de la vie du coureur automobile Niki Lauda (1949-2019), grièvement brûlé suite à un terrible accident de circuit. Loin d'être anecdotique, l'accident de ce grand champion illustre le fait qu'aller vite n'est pas sans danger et implique une **prise de risque constante**, en dépit même de l'expérience et de la prudence, comme ce fut le cas pour Lauda.

Le réalisateur Ron Howard ne se concentre pas seulement sur la rivalité entre Lauda et son plus grand adversaire, James Hunt, pendant les courses de Formule 1. Il montre que la vitesse est aussi une **donnée centrale** dans la vie de tous les jours. En retraçant le parcours intime et professionnel des deux champions, Ron Howard souligne que cet amour du risque se retrouve jusque dans la vie personnelle de ceux qui l'éprouvent.

Rush de Ron Howard, 2013, États-Unis

Le résumé du film

Au début des années 1970, deux jeunes pilotes automobiles surdoués, le Britannique James Hunt (Chris Hemsworth) et l'Autrichien Niki Lauda (Daniel Brühl), ne cessent de s'affronter au cours de championnats internationaux. Tout oppose les deux coureurs: Hunt est prêt à prendre tous les risques sur les circuits et dans sa vie amoureuse, tandis que Lauda fait montre d'un grand professionnalisme et de beaucoup de prudence dans les rapports humains.

Entre les deux hommes, la tension ne cesse de monter pour culminer lors du championnat du monde de Formule 1 de 1976, la saison de tous les dangers. Arrive alors le Grand Prix d'Allemagne, qui se court à Nürburgring, le circuit le plus dangereux de la saison. Devant la pluie torrentielle qui s'abat, Lauda, toujours prudent, refuse de prendre le volant mais, poussé par Hunt, il cède et rejoint la ligne de départ. Lancé à pleine vitesse, Lauda perd subitement le contrôle de sa voiture, qui s'enflamme au milieu de la piste. Il en ressort vivant mais sévèrement brûlé. Le championnat n'est pourtant pas fini, car Lauda est plus déterminé que jamais à remporter le Grand Prix.

Le lien avec le thème

Les parcours opposés de Niki et James illustrent deux attitudes possibles face aux **dangers de la vitesse**. Celle de Niki, mesurée et prudente, pèse toujours le pour et le contre devant les dangers de stratégies visant à parcourir toujours plus rapidement le circuit. Après avoir évalué tous les risques, il s'adonne pleinement à sa passion pour la course.

Au contraire, James incarne la **démesure** d'une vitesse poussée jusqu'à ses dernières limites. Plus impulsif que Niki, James se laisse emporter par son goût immodéré pour les accélérations, jusqu'à prendre des risques qui pourraient avoir des conséquences dramatiques.

En dépit de trajectoires personnelles différentes, les deux pilotes partagent l'ambition d'être les plus grands champions de leur temps et se montrent capables de **risquer leur vie** pour remporter la victoire.

Observez l'affiche du film

3e de couverture

1. Quelles sont les différentes composantes de l'affiche ?
2. Comment l'affiche met-elle graphiquement en scène l'affrontement des deux champions de l'automobile ?
3. Pourquoi l'affiche est-elle dominée par des couleurs chaudes ?

Visionnez le film et commentez-le !

1. Dans les premières scènes, comment la rivalité entre les deux champions est-elle présentée ? Quels plans le réalisateur choisit-il pour souligner la différence de caractère entre les deux hommes ?
2. Comment la course fatidique du Grand Prix d'Allemagne est-elle filmée ? Pourquoi le réalisateur choisit-il d'accentuer les plans aux couleurs sombres ?
3. Comment expliquez-vous le choix de couleurs différentes entre la scène du Grand Prix d'Allemagne et celle de la course à Monza ?

Rien ne semble égaler les sensations uniques que permet la vitesse. La joie d'appuyer sur l'accélérateur, celle d'entendre le moteur vrombir sous l'effort ou encore celle de sentir son corps projeté en arrière au moment de l'accélération, tout cela procure une ivresse qui nous ravit. Mais l'on voit bien vite apparaître **les risques d'un tel abandon** à la vitesse. Les amateurs de sports extrêmes n'hésitent pas à **braver tous les dangers** et à **prendre des risques inconsidérés** pour en ressentir l'euphorie. L'**absence de limites** qu'ils s'autorisent n'est bien sûr pas sans conséquences. À force de chercher à toujours se dépasser, la mesure disparaît et le **danger domine**. Comme l'illustre l'histoire de Niki Lauda, vouloir aller à **vitesse grand V** peut se révéler être un **jeu dangereux**. Ne faut-il donc pas ralentir pour éviter les écueils de la vitesse ? Ralentir n'est-il pas devenu une nécessité et même, paradoxalement, une urgence ?

Dans les sociétés contemporaines, la vitesse s'intensifie toujours plus et l'accélération du temps se poursuit sans relâche, au point parfois de nous **illusionner** sur leurs bienfaits. On associe souvent la vitesse à des vies fulgurantes ou à des destins exceptionnels, mais on en oublie aussi ses **excès**. Bien souvent, les exploits ou les réussites des vainqueurs dissimulent **les conséquences les plus regrettables** de cette quête de vitesse. Grisés par la vitesse, certains se lancent dans une course devenue **incontrôlable** qui les mène droit au trépas. Mais les risques liés à la vitesse débridée ne concernent pas uniquement les pilotes et les embardées mortelles.

Tous les domaines de la vie sont aujourd'hui marqués par l'**avènement de la vitesse**. La prédominance du paramètre de la vitesse dans notre quotidien n'est plus à prouver, elle s'est imposée avec force, particulièrement depuis les années 1990 et la naissance d'Internet. À côté de la **course effrénée au progrès technique**, il s'agit bien d'un bouleversement structurel dans la vie de tous les jours. Pourtant, un curieux paradoxe se fait de plus en plus ressentir : le monde est lancé dans une **course-poursuite contre le temps** mais nous paraissons en manquer toujours plus. À force de vouloir gagner du temps pour tout, on finit par ne plus avoir le temps de ne rien faire. Il en découle un sentiment de **malaise** profond et une société en route vers l'**aliénation**.

Faut-il alors privilégier la lenteur aux excès de la vitesse ? La question pose problème, car la lenteur peut elle aussi se rendre coupable d'excès. Le goût pour la vitesse semble en effet être né en réaction à la **monotonie** et à l'**ennui** souvent associés à la lenteur. Dans un monde lancé à toute allure, nous sommes de plus en plus **impatients** et il est malaisé de se satisfaire du rythme indolent d'une vie rangée ou retirée loin du tumulte urbain. Certains peuvent éprouver le besoin de **s'éloigner du tempo affolant** du monde moderne. Mais ralentir dans un monde en constant excès de vitesse, n'est-ce pas courir le risque de **prendre un retard trop conséquent** sur son temps voire de **s'immobiliser** sans possibilité de rattraper le temps perdu ?

A Les dangers physiques de la vitesse excessive

Aller vite, encore et toujours plus vite ne va pas sans risques. Nombre d'histoires décrivent la **tentation dangereuse** de se livrer sans retenue à la vitesse. Si la vitesse est grisante et permet à beaucoup de se dépasser, elle fait aussi courir au pilote, au cavalier, au cycliste ou au simple conducteur automobile **les plus grands dangers**. L'ensemble des représentations qui lui sont associées participe à en faire un mythe : **aller à la vitesse de l'éclair** comme un super-héros, ou **tirer plus vite que son ombre** comme Lucky Luke, sont perçues comme des valeurs positives dont tout un chacun voudrait pouvoir se réclamer.

Mais sur la piste comme dans la vie, la perte de contrôle nous guette à chaque virage. L'amour du risque et la passion de la vitesse peuvent nous **aveugler** et nous conduire à **minimiser les dangers**. Par ambition héroïque ou pour ressentir le frisson extraordinaire des accélérations, certains se condamnent sans le vouloir à la mort. La sanction de l'excès de vitesse par le code de la route montre bien qu'il faut **se prémunir contre les risques** d'une trop grande vitesse et qu'elle nécessite d'être réglementée. L'homme est d'ailleurs lui-même parfois **dépassé par ses propres inventions** ; comme un train lancé à pleine allure qu'il ne peut plus contrôler, les innovations technologiques se retournent dans certains cas contre ceux qui les ont initiées, et cela avec des **conséquences tragiques**. Le ralentissement devient une nécessité d'ordre vital. Car ralentir ne signifie pas nécessairement s'immobiliser mais **revenir à un rythme plus raisonnable**, que l'on tend de plus en plus à oublier.

DOC **16**

OVIDE
Les Métamorphoses

Dans Les Métamorphoses, *le poète latin Ovide (43 av. J.-C.-18 apr. J.-C.) rassemble l'essentiel des mythes fondateurs de l'Antiquité. Parmi les plus célèbres d'entre eux figure l'histoire de Phaéton, dieu grec, fils d'Hélios, le dieu du Soleil qui ne le reconnaît pas. Apprenant un jour l'identité de son père, il décide de partir à sa recherche et finit par le trouver. Hélios lui accorde alors un vœu : conduire son char du soleil. Mais, emporté par son désir avide de vitesse, Phaéton perd le contrôle du char et meurt violemment.*

[La vitesse, une tentation dangereuse]

Mais le fougueux[1] jeune homme s'élance sur le char[2] rapide ; il s'y place, et, joyeux de toucher les rênes confiées à ses mains, il

1. **Fougueux :** bouillonnant.
2. **Char :** ici, le char du dieu Hélios.

rend grâce à son père, qui lui cède à regret. Cependant les agiles coursiers[1] du Soleil, Pyroëis, Eoüs, Æthon et Phlégon[2], remplissent l'air du bruit de leurs hennissements et du feu de leur haleine, et frappent du pied les barrières. À peine Téthys[3], ignorant la destinée de son petit-fils, a-t-elle, en les levant, ouvert à leur ardeur[4] l'immense carrière[5] du monde, qu'ils prennent leur essor; agités dans les airs, leurs pieds fendent les nuages qui s'opposent à leur passage, et, secondés par leurs ailes, ils devancent les vents partis des mêmes lieux. Mais le char était léger, les coursiers ne pouvaient le reconnaître; le joug[6] n'avait plus son poids ordinaire. Tel qu'un vaisseau[7], dont le lest[8] est trop faible, vacille et devient, à cause de sa trop grande légèreté, le jouet mobile des flots, tel, privé de son poids accoutumé, le char bondit au haut des airs; à ses profondes secousses on eût dit un char vide. Les coursiers l'ont à peine senti que, précipitant leur course, ils abandonnent la route tracée, et ne courent plus dans le même ordre qu'auparavant. Phaéton s'épouvante: de quel côté tourner les rênes confiées à ses mains? quel chemin suivre? il ne sait; et quand il le saurait, pourrait-il commander aux coursiers? Alors, pour la première fois, les étoiles glacées des Trions[9] s'échauffèrent aux rayons du soleil, et vainement elles cherchèrent à se plonger dans l'Océan, qui leur était fermé. Voisin du pôle glacial, le serpent, jusqu'alors engourdi par le froid et jamais redoutable, s'échauffe et puise dans la chaleur une rage nouvelle. Et toi aussi, dans le trouble qui t'agitait, tu pris, dit-on, la fuite, ô Bouvier[10], malgré ta lenteur ordinaire et le soin de ton chariot. Du haut des airs, l'infortuné Phaéton a vu la terre disparaître dans un profond éloignement; il pâlit, ses genoux tremblent d'une terreur nouvelle, et ses yeux, au sein même de

1. **Coursiers:** chevaux.
2. **Pyroëis, Eoüs, Æthon et Phlégon:** noms des différents chevaux du char d'Hélios.
3. **Téthys:** dans la mythologie grecque, déesse de la Mer, dont Phaéton est l'un des petits-fils.
4. **Ardeur:** enthousiasme.
5. **Carrière:** piste de course.
6. **Joug:** pièce de bois permettant de maîtriser les chevaux.
7. **Vaisseau:** bateau.
8. **Lest:** charge.
9. **Les étoiles glacées des Trions:** constellation.
10. **Bouvier:** dans la mythologie grecque, gardien de la constellation de la Grande Ourse.

tant de clartés, se couvrent de ténèbres. Oh ! qu'il voudrait n'avoir jamais touché les guides du char de son père ! Qu'il regrette de connaître son origine et d'avoir triomphé par ses prières ! Il aimerait bien mieux être appelé fils de Mérops[1]. Il est emporté comme un vaisseau battu par le souffle furieux de Borée[2], et dont le pilote, vaincu par la tempête, abandonne le gouvernail aux dieux et le salut aux prières. Que fera-t-il ? Derrière lui, un grand espace des cieux déjà franchi ; devant lui, un espace plus grand encore. Sa pensée les mesure l'un et l'autre : tantôt il porte ses regards vers ce couchant que le destin ne lui permet pas d'atteindre ; tantôt il les reporte vers l'Orient. Quel parti prendre ? il l'ignore, et reste immobile d'effroi ; il n'abandonne pas les rênes, et sa main ne peut les retenir ; il ne sait plus les noms des coursiers. Répandus çà et là dans les diverses régions du ciel, mille prodiges, mille monstres affreux frappent sa vue épouvantée.

Il est un lieu où le scorpion replie ses bras en deux arcs, et, développant la courbure de ses pieds et de sa queue, en couvre l'espace de deux signes. Phaéton voit le monstre, suant un noir venin, le menacer du dard recourbé dont sa queue est armée. À cet aspect, son âme se trouble, et sa main, glacée par l'effroi, laisse échapper les rênes ; sitôt que les coursiers les ont senties flotter sur leurs flancs, ils se donnent carrière[3]. Libres du frein, ils s'élancent, à travers les airs, dans des régions inconnues, et volent où les emporte leur fougue désordonnée ; ils bondissent jusqu'aux astres suspendus à la céleste voûte, et entraînent le char à travers les abîmes. Tantôt ils montent au plus haut des cieux, tantôt, roulant de précipice en précipice, ils tombent dans les régions plus voisines de la terre. La Lune s'étonne de voir les chevaux de son frère descendre, dans leur course, au-dessous des siens. Les nuages embrasés s'exhalent[4] en fumée ; le feu dévore les points les plus élevés de la terre ; elle se fend, s'entr'ouvre et se dessèche en

1. Fils de Mérops : il s'agit de Pandarée, qui fut tué par Zeus après lui avoir volé un chien.
2. Borée : dieu grec des vents du Nord.
3. Ils se donnent carrière : ils font la course.
4. S'exhalent : se changent.

perdant les sucs[1] qui la nourrissent. On voit jaunir les pâturages, les arbres brûlent avec leur feuillage, et les moissons arides fournissent l'aliment de leur ruine à la flamme qui les détruit. Mais ce sont là les moins horribles maux. De grandes villes s'écroulent avec leurs murailles ; des peuples et des pays entiers sont changés par l'incendie en un monceau[2] de cendres ; les forêts se consument avec les montagnes qu'elles couvrent. Tout brûle, et l'Athos et le Taurus[3] qui coupe la Cilicie[4], et le Tmolus, et l'Œta, et l'Ida[5], célèbre jusqu'alors par ses fontaines, dont la source est maintenant tarie ; et l'Hélicon[6], séjour des Muses, et l'Hémus[7], auquel Œagre[8] n'a point encore donné son nom. L'Etna[9] voit grandir sans mesure l'incendie qui dévore ses flancs ; avec lui s'enflamment la double cime du Parnasse, et l'Éryx, et le Cynthe, et l'Othryx, et le Rhodope[10], qui voit fondre enfin ses neiges éternelles ; et le Mimas, et le Dindyme, et le Mycale, et le Cithéron[11], destiné aux mystères de Bacchus[12]. Les glaces de la Scythie[13] la protègent en vain ; le Caucase est en feu, les flammes envahissent l'Ossa, le Pinde et l'Olympe, qui dépasse leurs deux sommets, et les Alpes qui s'élèvent jusqu'aux cieux, et l'Apennin[14] qui supporte les nues[15].

Phaéton voit l'univers entier en proie à l'incendie ; il n'en peut plus longtemps soutenir la violence. Il ne respire plus qu'une vapeur brûlante semblable à l'air qui sort d'une fournaise profonde ; il sent déjà son char s'échauffer et blanchir au contact de la flamme. Déjà les cendres et les étincelles qui volent jusqu'à lui

---

1. **Sucs :** substances.
2. **Monceau :** tas.
3. **L'Athos et le Taurus :** montagnes.
4. **Cilicie :** région conquise dans l'Antiquité par Alexandre le Grand.
5. **Le Tmolus, et l'Œta, et l'Ida :** noms de différentes montagnes.
6. **L'Hélicon :** mont qui, dans la mythologie grecque, abrite les Muses.
7. **L'Hémus :** montagne grecque.
8. **Œagre :** dans la mythologie, roi de Thrace.
9. **L'Etna :** volcan situé en Sicile.
10. **Parnasse, et l'Éryx, et le Cynthe, et l'Othryx, et le Rhodope :** monts situés en Grèce.
11. **Le Mimas, et le Dindyme, et le Mycale, et le Cithéron :** monts situés en Grèce et en Asie mineure.
12. **Bacchus :** dieu romain du vin et de l'ivresse.
13. **La Scythie :** large territoire situé au nord de la Turquie et alors habité par les Scythes.
14. **Le Caucase, l'Ossa, le Pinde, l'Olympe et l'Apennin :** chaînes de montagnes.
15. **Nues :** nuages.

le suffoquent et l'oppressent; une fumée ardente[1] l'enveloppe de toutes parts. Où va-t-il? où est-il? Au milieu de l'épais brouillard qui l'entoure, il ne peut le découvrir, et se laisse emporter au gré de ses fougueux coursiers.

Les Métamorphoses, 1869, traduction de Désiré Nisard

3 questions pour vous guider...

1. Relevez dans le premier paragraphe un terme qui montre que Phaéton ne redoute aucun danger.
2. Comment, des lignes 28 à 52, Ovide suggère-t-il l'affolement de Phaéton face à la vitesse incontrôlable du char?
3. « Où va-t-il? où est-il? » (l. 87): de quoi ces deux questions sont-elles révélatrices?

DOC **17**

PHILIPPE BESSON
Vivre vite

Dans Vivre vite, *le romancier Philippe Besson (né en 1967) raconte l'histoire de James Dean (1931-1955), acteur américain mort prématurément d'un accident de voiture, à l'aube d'une carrière prometteuse. Le récit de Besson fait le portrait d'un James Dean passionné de courses de voitures, qui le séduisent autant par goût de la vitesse que par amour du risque. Dans cet extrait, le jeune acteur prend la parole pour dévoiler ses derniers instants avant sa fatale collision avec un autre véhicule.*

[Un excès de vitesse mortel]

Alec Guinness[2] est un vrai froussard! Il y a une semaine, en me voyant arriver au volant de ma Spyder 550[3] flambant neuve, que

1. Ardente: brûlante.
2. Alec Guinness: acteur de cinéma britannique (1914-2000) alors très célèbre.
3. Spyder 550: voiture dessinée par Porsche alors la plus rapide de sa catégorie.

j'ai fait pétarader à ses oreilles, il a eu un brusque mouvement de recul et m'a dit que je n'étais qu'un fou. J'ai éclaté de rire et il a été encore plus terrorisé. Ces Anglais sont décidément impayables ! Et ça m'enchante tellement de lui faire perdre son flegme[1] !

Alec est persuadé qu'on me retrouvera mort un jour prochain dans la carcasse de ma voiture. Il se trompe, bien sûr. Mais au fond, je préférerais une mort comme ça à l'agonie des vieillards. Ce genre de réflexion ne fait pas du tout rire Alec. Il me croit morbide[2] alors que je n'aime que la vitesse.

J'ai quitté Los Angeles tout à l'heure, après avoir fait le plein sur Ventura Boulevard. Demain, je m'aligne au départ d'une course à Salinas[3]. Ce sera certainement un peu étrange de me retrouver dans cette ville qui est devenue pour moi un décor de cinéma, puisque c'est là qu'on a tourné *Éden*[4]. Mais je me fiche du cinéma. La seule chose vraiment importante, c'est la course.

J'ai demandé à Rolf de m'accompagner. C'est un mécanicien surdoué qui sait incroyablement bien faire les réglages sur mon *petit monstre*. J'ai toute confiance en lui. Un type qui a été pilote de guerre dans la Luftwaffe[5] a forcément des nerfs d'acier et des gestes d'une précision redoutable et c'est justement ce qu'il me faut.

C'est aussi un homme charmant, ce qui ne gâche rien. Le vent met du désordre dans ses cheveux et fait claquer sa chemise. Je songe que nous ne serons pas jeunes éternellement.

Nous nous sommes fait arrêter par les flics parce que je roulais trop vite. J'ai écopé d'une contravention. Rolf s'étranglait de rire et j'ai bien cru que l'agent allait nous faire des histoires. Mais non, il m'a simplement conseillé de respecter les limitations. À quoi sert d'avoir une Porsche si c'est pour respecter les limites ?

Par le plus grand des hasards, nous avons croisé Lance Reventlow[6] dans une station-service. Je ne l'avais pas revu depuis

---

1. **Flegme :** calme imperturbable.
2. **Morbide :** malsain.
3. **Salinas :** ville de Californie connue pour Laguna Seca, son circuit de course.
4. ***À l'est d'Éden*** **:** film d'Elia Kazan (1909-2003), sorti en 1955, qui fit de James Dean une star.
5. **Luftwaffe :** armée de l'air allemande de 1935 à 1945.
6. **Lance Reventlow :** pilote de course britannique (1936-1972).

des mois. D'habitude, je n'aime pas trop les héritiers ni les playboys, mais lui est un sacré conducteur, et incroyablement précoce avec ça ! Et son coupé Mercedes en jette. Nous nous sommes promis de nous retrouver à Paso Robles[1] pour manger un morceau.

Voilà plus de deux heures que nous roulons. Nous approchons de Cholame[2]. J'aime bien ce bitume[3] sinueux dans les collines. Dès que la route redevient droite, j'en profite pour appuyer sur le champignon. Je m'amuse à causer des frayeurs aux bourgeois qui se traînent dans des voitures pépères.

D'ailleurs, c'est quoi, cette Ford qui se ramène ? Le conducteur n'a pas l'air de savoir où il va. *Il a intérêt à nous voir, celui-là.*

Vivre vite, 2014 © Éditions Julliard ■

3 questions pour vous guider...

1. Pourquoi James Dean n'aime-t-il pas Alec Guinness ?
2. « Je me fiche du cinéma » (l. 16) : qu'est-ce que James Dean dit lui préférer ?
3. Qui est Lance Reventlow ? Qu'incarne-t-il pour James Dean ?

DOC **18**

Andy Warhol
5 Deaths on Orange (Orange Disaster)

Peintre américain, Andy Warhol (1928-1987) est considéré comme l'un des fondateurs du Pop Art, mouvement qui interroge les mythes du monde contemporain. C'est à ce titre qu'en 1963, Warhol s'intéresse avec 5 Deaths on Orange *aux accidents de la route. Pour l'artiste, l'obsession de la société moderne pour la vitesse excessive doit se montrer crûment dans une œuvre qui dénonce la violence sans limite des collisions tragiques* CAHIER PHOTOS • p. III.

---

1. Paso Robles : ville californienne notamment connue pour ses vins.
2. Cholame : ville californienne où James Dean trouva la mort.
3. Bitume : route.

[La violence de l'accident]

3 questions pour vous guider...

1. Décrivez les différentes composantes du tableau.
2. À quoi voit-on que l'accident a été particulièrement violent ?
3. Pourquoi Warhol a-t-il traité son tableau avec un filtre orange ?

DOC **19**

ÉMILE ZOLA
La Bête humaine

La Bête humaine, *roman d'Émile Zola (1840-1902), est le dix-septième tome de la longue histoire, en vingt volumes, de la famille des Rougon-Macquart. Il raconte la vie de Jacques Lantier, mécanicien d'un train assurant la liaison entre Paris et Le Havre. L'homme éprouve des pulsions meurtrières envers ses maîtresses, notamment Séverine qu'il assassine. Un jour, après avoir eu une liaison avec Philomène, l'amante de Pecqueux, le conducteur du train, Lantier se dispute violemment avec ce dernier. Mais au même moment le train, monstre de vitesse, est lancé à toute allure et semble désormais impossible à arrêter.*

[Un progrès devenu incontrôlable]

Mais Pecqueux, d'un dernier élan, précipita Jacques ; et celui-ci, sentant le vide, éperdu, se cramponna à son cou, si étroitement, qu'il l'entraîna. Il y eut deux cris terribles, qui se confondirent, qui se perdirent. Les deux hommes, tombés ensemble, entraînés sous les roues par la réaction de la vitesse, furent coupés, hachés, dans leur étreinte, dans cette effroyable embrassade, eux qui avaient si longtemps vécu en frères. On les retrouva sans tête, sans pieds, deux troncs sanglants qui se serraient encore, comme pour s'étouffer.

Et la machine, libre de toute direction, roulait, roulait toujours. Enfin, la rétive[1], la fantasque, pouvait céder à la fougue[2] de sa jeunesse, ainsi qu'une cavale[3] indomptée encore, échappée des mains du gardien, galopant par la campagne rase. La chaudière était pourvue d'eau, le charbon dont le foyer venait d'être rempli, s'embrasait ; et, pendant la première demi-heure, la pression monta follement, la vitesse devint effrayante. Sans doute, le conducteur chef, cédant à la fatigue, s'était endormi. Les soldats, dont l'ivresse augmentait, à être ainsi entassés, subitement s'égayèrent de cette course violente, chantèrent plus fort. On traversa Maromme[4], en coup de foudre. Il n'y avait plus de sifflet, à l'approche des signaux, au passage des gares. C'était le galop tout droit, la bête qui fonçait tête basse et muette, parmi les obstacles. Elle roulait, roulait sans fin, comme affolée de plus en plus par le bruit strident de son haleine.

À Rouen, on devait prendre de l'eau ; et l'épouvante glaça la gare, lorsqu'elle vit passer, dans un vertige de fumée et de flamme, ce train fou, cette machine sans mécanicien ni chauffeur, ces wagons à bestiaux emplis de troupiers[5] qui hurlaient des refrains patriotiques. Ils allaient à la guerre[6], c'était pour être plus vite là-bas, sur les bords du Rhin. Les employés étaient restés béants[7], agitant les bras. Tout de suite, le cri fut général : jamais ce train débridé, abandonné à lui-même, ne traverserait sans encombre[8] la gare de Sotteville, toujours barrée par des manœuvres, obstruée[9] de voitures et de machines, comme tous les grands dépôts. Et l'on se précipita au télégraphe, on prévint. Justement, là-bas, un train de marchandises qui occupait la voie, put être refoulé sous une remise. Déjà, au loin, le roulement du monstre échappé s'entendait. Il s'était rué dans les deux tunnels qui avoisinent Rouen, il arrivait de son galop furieux, comme une force prodigieuse et irrésistible

---

1. **Rétive :** insoumise.
2. **Fougue :** bouillonnement.
3. **Cavale :** jument.
4. **Maromme :** ville située en Normandie.
5. **Troupiers :** soldats.
6. **La guerre :** la guerre franco-allemande (19 juillet 1870-10 mai 1871).
7. **Béants :** stupéfaits.
8. **Sans encombre :** sans dégât.
9. **Obstruée :** encombrée.

que rien ne pouvait plus arrêter. Et la gare de Sotteville fut brûlée, il fila au milieu des obstacles sans rien accrocher, il se replongea dans les ténèbres, où son grondement peu à peu s'éteignit.

La Bête humaine, **1890**

3 questions pour vous guider...

1. Comment la mort de Lantier et Pecqueux se déroule-t-elle, dans le premier paragraphe ?
2. « Une cavale indomptée » (l. 12) : que suggère Zola à travers cette image ?
3. Pourquoi, dans le dernier paragraphe, Zola choisit-il de qualifier la locomotive de « monstre » (l. 37) ?

B Une société aliénée par la vitesse

Dans une société en constante accélération, l'aliénation paraît inévitable. L'injonction moderne qui consiste à faire de la vitesse le maître mot de la moindre activité entraîne une **perte de repères** et des **attitudes paradoxales** : nous continuons à aller toujours plus vite alors même que nous ressentons le besoin de ralentir. Perpétuellement sous tension, les sociétés contemporaines sont prises d'une frénésie dont les **conséquences néfastes** ne suffisent pourtant pas à l'arrêter. Le règne de l'urgence, de l'instantanéité et de l'immédiateté est souvent vécu comme une **souffrance**. Un certain nombre de penseurs montrent aujourd'hui combien la mutation radicale de notre rapport au temps comporte de facettes négatives. Autrefois stimulante, la vitesse est devenue, en suscitant une **angoisse** et une **frustration perpétuelles**, contre-productive. Même si certains se sentent électrisés et stimulés par la vitesse, dans le monde du travail par exemple, nombreux sont ceux qui résistent avec de plus en plus de difficultés aux risques de dépression ou de burn-out. La rapidité d'exécution d'une tâche cède la place à l'**urgence**, parfois même au détriment de la satisfaction du travail bien fait ou du sentiment d'accomplissement.

L'avènement de la mondialisation économique et financière au milieu des années 1980 a engendré la logique du profit immédiat propre au système capitaliste. Mais les implications de ce phénomène qui privilégie l'immédiateté se retrouvent jusque dans notre expérience existentielle : un sentiment diffus de **malaise** ou d'**inquiétude** s'empare de nous, et nous avons de plus en plus de mal à être véritablement épanouis. Cette quête de vitesse généralisée semblerait contrarier davantage les caractères et, par là même, rendrait les relations interpersonnelles plus conflictuelles et moins aisées. Dans cette perspective, prendre du repos ou se ménager des moments de pause s'avèrent un réel défi pour l'individu car celui-ci risque, en prenant un **retard considérable**, de rester irrémédiablement en marge de la société.

DOC **20**

NICOLE AUBERT
Le Culte de l'urgence

Dans son essai Le Culte de l'urgence, *la psychologue Nicole Aubert (née en 1948) s'interroge sur un paradoxe qui, selon elle, se situe au cœur des sociétés contemporaines. En dépit de la constante accélération du monde, l'individu manque de plus en plus de temps. L'urgence a envahi tous les domaines de la société et n'épargne personne. Aliéné par un nouveau rapport au temps, qui tend à faire de l'urgence la norme, l'homme devient un être « à flux tendu », susceptible de s'effondrer à tout moment.*

[Un homme à flux tendu]

Il n'est pas sûr en effet que, de ce combat, nous sortions vainqueurs. Ce qui est certain, en revanche, c'est que notre culture temporelle est en train de changer radicalement. De même que des métaphores nouvelles sont apparues concernant le temps, de nouvelles modalités de rapport au temps deviennent dominantes : l'urgence, l'instantanéité, l'immédiateté ont envahi nos vies. Elles traduisent au quotidien ce phénomène général de « compression du temps » et elles s'inscrivent dans un processus global de passage du « temps long » au « temps court ». Processus commencé depuis déjà longtemps, mais qui a connu ces dernières années une forte accélération et une nette intensification. Ses implications, en tout cas, se font sentir à différents niveaux – économique et professionnel au premier chef, mais aussi technologique, psychologique, familial – et sur différents registres : celui de l'idéologie et de la quête de sens, celui des modes de thérapies psychiques, celui de la littérature enfin, chacun d'eux reflétant et traduisant à sa manière l'évolution de nos contemporains dans leur rapport au temps.

Le soubassement[1] de ce nouveau rapport au temps réside dans l'alliance qui s'est opérée entre la logique du profit immédiat, celle des marchés financiers qui règnent en maîtres sur l'économie, et l'instantanéité des nouveaux moyens de communication. Cette alliance a donné naissance à un individu « en temps réel », fonctionnant selon le rythme même de l'économie et devenu apparemment maître du temps. Mais l'apparence est trompeuse et, derrière, se cache souvent un individu prisonnier du temps réel et de la logique de marché, incapable de différencier l'urgent de l'important, l'accessoire de l'essentiel. Dans une économie qui fonctionne « à flux tendu[2] », n'est-il pas devenu lui-même un homme à flux tendu, un produit à durée éphémère, dont l'entreprise s'efforce de comprimer le plus possible le cycle de conception et la durée de vie, un produit de consommation dont il faut assurer la rentabilité immédiate et la rotation[3] rapide ? La logique de ce court terme, qui préside au fonctionnement des marchés financiers, semble déteindre sur les relations entre l'entreprise et ses salariés et les conduire à adopter

1. Soubassement : base.
2. À flux tendu : méthode d'optimisation de la production visant à réduire les coûts et les délais.
3. Rotation : alternance.

l'un à l'égard de l'autre une mentalité d'actionnaire « volatile[1] », n'investissant sur l'autre que de manière éphémère, avec une visée immédiatement et uniquement rentabiliste[2].

Jointe au climat d'urgence généralisée à l'œuvre dans beaucoup d'entreprises, cette logique du profit immédiat produit des effets contrastés. L'urgence – et l'irréversibilité qu'elle sous-tend – n'est pas seulement une donnée externe, elle comporte une dimension intérieure. Galvanisés[3] par l'urgence, parfois presque « shootés » à cette nouvelle forme de drogue, certains ont besoin de ce rythme pour se sentir exister intensément. Tels les héros d'une épopée[4] contemporaine, ils ressentent l'ivresse d'accomplir des exploits en temps limité et de vaincre la mort en triomphant du temps. Pour d'autres, la perte du lien social, un travail dématérialisé et dépourvu de sens, la dépossession du sens de leur action conduit à un désinvestissement amer et morose[5]. Dans certains cas, le climat de pression et d'urgence est tel qu'il confine à l'hystérie et corrode[6] les relations interpersonnelles, tout comme les individus eux-mêmes qui, parfois, « déconnectent » brutalement, comme sous l'effet d'une surchauffe énergétique intense. Un certain nombre de cadres, tels les fusibles d'une installation électrique, en sont alors conduits à « péter les plombs ». Les plus atteints sont ceux que leur sens du travail bien fait ou leur goût de la perfection rendent incapables de supporter un contexte qu'ils ne parviennent plus à contrôler et maîtriser. Soumises à des pressions trop fortes, « malades de l'urgence », certaines personnes dynamiques, fonceuses et motivées, sombrent dans des processus dépressifs. La dépression nerveuse semble alors, sur le plan symbolique, le seul moyen qu'aurait trouvé la nature pour « ralentir » le temps.

Le Culte de l'urgence. La société malade du temps,
avec la collaboration de Christophe Roux-Dufort, 2003 © Flammarion ■

1. **Volatile :** instable, inconstant.
2. **Visée [...] rentabiliste :** dont le but est de faire des bénéfices.
3. **Galvanisés :** enflammés.
4. **Épopée :** récit héroïque.
5. **Morose :** triste, pénible.
6. **Corrode :** ronge, détruit.

3 questions pour vous guider...

1. Relevez les trois nouvelles modalités de rapport au temps désormais dominantes pour Nicole Aubert.
2. Qu'est-ce qu'un « homme à flux tendu » (l. 29) ?
3. À quoi renvoie, selon Nicole Aubert, la « dimension intérieure » (l. 42-43) du climat d'urgence ?

DOC **21**

HARTMUT ROSA
Aliénation et accélération

Philosophe allemand, Hartmut Rosa (né en 1965) a développé une réflexion inédite sur le rapport de l'homme moderne à la vitesse. Dans son essai Aliénation et accélération, *il distingue trois formes d'accélération dans les sociétés contemporaines : l'accélération technique, l'accélération du changement social et l'accélération du rythme de vie. L'interconnexion de ces trois tendances conduit à l'impossibilité de ralentir ou de se reposer sans prendre un retard irréversible dans tous les domaines de la vie.*

[L'accélération, voie vers l'aliénation sociale]

Il est important de noter que la croissance et l'accélération ne sont interconnectées ni logiquement ni de façon causale. Seule l'accélération de processus stables et constants implique logiquement une augmentation correspondante, alors que les processus liés aux transports, à la communication ou à la production ne sont pas en eux-mêmes stables et constants : en les accélérant, on peut normalement s'attendre à un raccourcissement de leur durée. Par conséquent, on l'a vu, on pourrait s'attendre à une relation inverse entre l'accélération technique et le rythme de vie : puisque la première libère une abondance de ressources temporelles, les gens devraient disposer de *davantage de temps* à utiliser librement.

Cependant, il existe malheureusement une situation dans laquelle l'accélération du rythme de vie et l'accélération technique sont vraiment interconnectées : l'accélération technique peut être vue comme une *réponse* sociale au problème de la raréfaction du temps, c'est-à-dire à l'accélération du « rythme de vie ». Lorsque nous examinons les relations causales entre les trois sphères de l'accélération sociale, nous révélons l'existence surprenante d'une boucle auto-alimentée : l'accélération technique, qui est fréquemment liée à l'émergence de nouvelles technologies (telles que la machine à vapeur, le chemin de fer, l'automobile, le télégraphe, l'ordinateur ou Internet), apporte presque inévitablement toute une gamme de changements dans les pratiques sociales, les structures de communication et les formes de vie correspondantes. Par exemple, Internet n'a pas seulement fait augmenter la vitesse des échanges de communication et la « virtualisation » des processus économiques et productifs ; il a aussi établi de nouvelles structures professionnelles, économiques et communicatives, ouvrant la voie à de nouveaux modes d'interaction sociale et même à de nouvelles formes d'identité sociale. On voit aisément comment et pourquoi l'accélération technique est susceptible d'aller de pair avec l'accélération du changement social, sous la forme d'un changement des structures et modèles sociaux, des orientations et des évaluations de l'action. De plus, si l'accélération du changement social implique une « compression du présent » au sens discuté auparavant, ceci mène naturellement à une accélération du « rythme de vie ». Ceci s'explique par un phénomène bien connu du domaine de la production capitaliste et que l'on pourrait appeler le « phénomène de la pente glissante » de la société de compétition : le capitaliste ne peut ni faire une pause ni se reposer, il ne peut pas arrêter la course et assurer sa position, puisqu'il est condamné à monter ou à descendre. Il n'y a pas de point d'équilibre, car *rester immobile* est équivalent à *retomber en arrière,* comme l'ont noté Marx et Weber[1].

---

1. Karl Marx (1818-1883) et Max Weber (1864-1920) : économistes allemands ayant notamment réfléchi à l'exploitation de l'homme au travail.

De façon similaire, dans une société de compétition, avec un changement social de plus en plus rapide dans tous les domaines de la vie, les individus ont souvent l'impression qu'ils sont sur des « pentes glissantes » : prendre un repos prolongé revient à devenir démodé, dépassé, anachronique[1] en ce qui concerne son expérience et son savoir, son équipement et ses vêtements aussi bien que ses orientations et même son langage.

Aliénation et accélération. Vers une théorie critique de la modernité tardive,

3 questions pour vous guider...

1. Expliquez l'observation suivante : « les gens devraient disposer de *davantage de temps* à utiliser librement » (l. 11-12).
2. Relevez les lignes où Hartmut Rosa évoque la situation dans laquelle l'accélération technique et l'accélération du rythme de vie sont étroitement liées.
3. Qu'est-ce que le « phénomène de la pente glissante » (l. 39-40) ? Quelles conséquences implique-t-il ?

DOC **22**

JEAN-YVES ARCHER

Travail : les excès de la quête frénétique de vitesse

Dans cet article du quotidien Les Échos, *l'économiste Jean-Yves Archer examine les conséquences néfastes du culte de la vitesse au travail. Si la rapidité d'exécution d'une tâche a pu autrefois se révéler productive, elle devient, à présent, un facteur d'épuisement des salariés et des entreprises, tous deux lancés dans une course impossible. Contre-productive, la vitesse s'impose comme une cause de mal être au travail.*

1. **Anachronique :** ne plus être de son époque, déphasé.

[La vitesse au travail, force contre-productive ?]

La récente attaque hostile de Covéa[1] sur la SCOR[2] a montré, grandeur nature, que la réactivité est une condition cruciale du bon management : ainsi le président Denis Kessler a illustré que le stratège doit savoir jouer « fond de court[3] » tout autant qu'il doit savoir être un très patient joueur d'échecs. Cette concomitance[4] de l'urgence et du « temps laissé au temps », selon la formule d'Henri Queuille[5], réactivée par François Mitterrand[6], nous la connaissons tous, mieux nous la subissons dans nos parcours professionnels qu'ils soient rectilignes ou sinueux[7] selon notre rapport à ce qui ressemble à la chance.

Dualisme contradictoire

Ce dualisme est exacerbé depuis dix ans et ne cesse de proliférer[8] dans nos habitudes de travail. Pris dans le temps des bolides, nous finissons un courriel tout en lorgnant sur le dernier SMS entrant et parfois en répondant à un voisin d'open space[9], cette dernière trouvaille dont le bilan critique sérieux sera, le moment venu, à établir. Dans *À reculons, comme une écrevisse*, l'esprit fécond que fût Umberto Eco (1932-2016) cite les travaux de Paul Virilio (1932-2018). « Il nous parle de notre époque comme hypnotisée par la vitesse. [...] Mieux nous sommes tellement habitués à la vitesse que nous nous énervons si l'e-mail ne s'ouvre pas tout de suite ou si l'avion a du retard. Cette accoutumance à la technologie n'a rien à voir avec la science. [...] Les “mass media [10]” confondent l'image de

1. Covéa : société de groupes d'assurance et de mutuelle française fondée en 1999.
2. SCOR : groupe français de réassurance fondé en 1970.
3. Jouer « fond de court » : au tennis, jouer en frappant du fond du court, sans monter au filet, pour l'emporter sur son adversaire par sa vitesse de jeu en fond de court.
4. Concomitance : rencontre.
5. Henri Queuille : homme d'État français (1884-1970).
6. François Mitterrand : homme d'État français (1916-1996), président de la République de 1981 à 1995.
7. Sinueux : onduleux.
8. Proliférer : s'étendre, se développer.
9. Open space : espace de travail sans cloisons entre les bureaux.
10. Mass media : ensemble des médias qui diffusent de l'information.

la science avec celle de la technologie. » Ce débat à l'orée de l'essor de l'intelligence artificielle est capital. Relire Virilio est un délice pour l'esprit qui cherche à comprendre et non pas à accumuler du savoir comme un disque dur dépourvu du doute salvateur[1]. Paul Virilio a déduit de ses travaux une conclusion fondamentale à travers la notion de dromologie[2] qui vise à établir un bilan souvent négatif de notre compréhension du temps qui doit désormais être inséré dans la quête de la vitesse. En termes directs, ce chercheur attentif nous indique que nous sommes de plus en plus focalisés sur le point d'arrivée et que lors d'un voyage, nous ne sommes que peu réceptifs au départ et au trajet lui-même. Prenons un exemple simple : un manager qui veut se rendre de Paris en Australie peut changer d'avion à Hong Kong ou à Shanghai, l'essentiel est de parvenir à Sydney. Le reste est littérature et relève finalement de l'accessoire.

La cupidité du chronomètre « intime »

Concrètement, cette soif du point d'arrivée alliée à l'instantanéité que permettent les réseaux contemporains a considérablement aiguisé notre appétit de vitesse et ce que l'on peut nommer la cupidité[3] de notre chronomètre intime. De serviteurs d'un travail pourléché[4] nous avons l'ambition d'être des mousquetaires du travail le plus vélocement[5] exécuté. À ce sujet, il est réaliste de penser que nos outils statistiques sont perfectibles. On détecte mal le travail au noir – et pour cause – et on patauge quand on veut attribuer une quantification crédible au travail gris[6] que l'éventuelle réforme de la niche fiscale des emplois à domicile a remis sur le devant de l'actualité. Autant dire que la prudence est de mise pour qui veut déterminer la réalité des gains de productivité qui est techniquement harcelée par les biais cognitifs[7]. Notre

1. **Salvateur :** salutaire.
2. **Dromologie :** étude du rôle de la vitesse dans les sociétés modernes.
3. **Cupidité :** convoitise.
4. **Pourléché :** très travaillé, soigné.
5. **Vélocement :** rapidement.
6. **Travail gris :** travail dont seulement une partie des heures sont déclarées.
7. **Biais cognitifs :** déformations dans le traitement d'une information.

rapport au temps se crispe[1] sur l'instant sans garantie de bonne fin. Ne soyons pas rêveurs ou fourbes, tous nous commettons des erreurs par précipitation ou par vanité[2] bureaucratique. Celle qui consiste à penser que nous sommes en capacité d'être vraiment multitâches.

Le coût de l'agressivité temporelle

Tels des grands félins, nous voulons être efficaces (vaste sujet) et sommes, la plupart du temps, agressifs face à la trotteuse[3] qui nous mène pourtant à nos futurs derniers instants. On ignore, à ce stade, si la crainte du trépas[4] apporte une explication causale à notre penchant pour la dictature de l'instant. Une chose est acquise, peu d'entreprises ont intégré dans leur contrôle de gestion le coût de non-qualité découlant de décisions prises au mépris d'une réflexion posée et d'un niveau temporel adéquat. Les responsables de la « compliance » (conformité, en français), fonction d'importance croissante, ne cessent de constater des manquements répréhensibles[5] du fait d'actes opérationnels imparfaits car dénués de recul. Les avocats d'affaires ne cessent d'élaborer des réponses judiciaires à la suite d'actes bâclés par tel ou tel opérationnel du département juridique de leurs clients. Bien des exemples mériteraient d'être cités pour illustrer ce point : l'excessive quête de la vitesse fait gagner des secondes, mais peut générer des heures de contentieux[6]. Le bilan coûts-avantages de la précipitation pourrait, ici et là être terrible et défaire des réputations de managers soi-disant performants. Alors, pour conclure, convenons de la densité intellectuelle prémonitoire de Gaston Bachelard[7] qui a su écrire dans *L'intuition de l'instant* en 1932 : « Autrement dit, le temps est une réalité resserrée sur l'instant et suspendue entre deux néants. » Cette peur du néant contrebalancée par l'envie

---

1. **Se crispe :** s'irrite.
2. **Vanité :** prétention.
3. **Trotteuse :** aiguille des secondes d'une montre.
4. **Trépas :** mort.
5. **Répréhensibles :** susceptibles d'être punis par la loi.
6. **Contentieux :** différend judiciaire.
7. **Gaston Bachelard :** philosophe français (1884-1962).

frénétique de laisser une trace dans l'histoire forge le sceau de nos agitations parfois dignes de celles d'une mouche dans un bocal. C'est bien pour cela que des talents appliquent à leurs entreprises la préconisation du « slow speed ». On peut valablement conclure que cette tendance de fond va devoir mécaniquement se conjuguer avec les progrès technologiques au prix de frottements dignes d'un arc électrique.

« Travail : les excès de la quête frénétique de vitesse »,
lesechos.fr, 08/02/2019 ■

3 questions pour vous guider...

1. Qu'est-ce que le « dualisme contradictoire » (l. 11) qu'évoque Archer ?
2. Pourquoi Archer pense-t-il que les employés ne peuvent finalement être « multitâches » (l. 56) ?
3. « L'excessive quête de la vitesse fait gagner des secondes, mais peut générer des heures de contentieux » (l. 73-75). Que faut-il en conclure, selon Archer ?

DOC **23**

Nicolas Tellop

Les Courses-poursuites au cinéma

Dans Les Courses-poursuites au cinéma*, le critique Nicolas Tellop (né en 1980) revient sur le goût des sociétés modernes pour les courses automobiles. Selon lui, cet engouement trouve son origine dans la course effrénée au progrès scientifique qui se révèle être une course perdue d'avance car sans fin. À force de courir en avant, l'homme finit par ne plus savoir ce qu'il recherche, si bien que sa course devient inutile.*

[Une course perdue d'avance]

Depuis le XVIIIe siècle, le pouvoir a une obsession plus noble, et qui n'a pour l'instant pas encore tari[1] sa modernité : le progrès. Qu'il soit scientifique, technologique, industriel ou social, il s'agit d'un idéal à la poursuite duquel nous sommes tous lancés. Il ne se donne qu'au prix d'une course qui n'a jamais de fin – course encore plus stimulante quand elle consiste à rattraper ou à distancer des concurrents de poids, comme l'a si bien illustré la guerre froide[2]. Et quand il est question du progrès médical, la course-poursuite est engagée avec le plus redoutable des adversaires : la mort elle-même. Course vaine[3] s'il en est, mais qui ne nous empêche pas de courir. Il en va ainsi de tous les buts, de toutes les ambitions, de tous les rêves et de tous les désirs : qui pourrait dire si nous les poursuivons, comme le consacre l'expression en vigueur, ou si ce sont eux qui nous poursuivent ?

C'est donc la course-poursuite qui fait tourner le monde. Mais à force de toujours devoir aller plus vite que les autres, à force de faire de nos vies un tourbillon d'accélération, le danger de la désynchronisation[4] nous guette au moindre virage. Depuis la fin de la Seconde Guerre mondiale, la vitesse s'avère la principale valeur de nos sociétés modernes : tout doit être rapide et efficace, car c'est ainsi seulement que l'individu pourra être lui-même. Ce qui est poursuivi ici, c'est l'accomplissement de l'homme dans ce qui fonde son humanité, dans une perspective utopique de renaissance et de renouveau faisant suite aux traumatismes successifs qui frappèrent le milieu du XXe siècle. Plus largement, l'histoire récente est marquée par la recherche de performances de plus en plus élevées : la locomotive a été déclassée par le train à grande vitesse, le télégraphe par Internet, le daguerréotype[5] par l'instantané numérique… L'accélération politique, économique et sociale

1. Tari : épuisé.
2. Guerre froide : de 1947 à 1991, période de tensions géopolitiques entre les États-Unis et l'URSS.
3. Vaine : inutile.
4. Désynchronisation : perte de simultanéité entre deux éléments.
5. Daguerréotype : ancêtre de la photographie.

qui marque la dernière décennie avant l'an 2000 n'a fait que précipiter un phénomène devenu planétaire, où tout se consomme et se pratique à coups de *fast-food, speed-dating* et autre *flash-mob.* Cependant, pressurisé[1] par de telles exigences, notre monde a fini par être dépassé et nous-mêmes nous menaçons de quitter la route dans une catastrophique embardée[2]. Dans ces conditions, impossible même de nous souvenir de ce après quoi nous courons.

Les Courses-poursuites au cinéma, 2018 © Éditions Aedon ■

3 questions pour vous guider...

1. Pourquoi, selon Nicolas Tellop, la course au progrès est-elle sans fin ?
2. Depuis quand, selon Tellop, la vitesse s'est-elle imposée comme la valeur reine des sociétés modernes ?
3. Relevez les trois activités qui montrent qu'au tournant des années 2000, toute activité quotidienne est frappée par le phénomène d'accélération.

C Un excès de lenteur ?

La lenteur est-elle la meilleure solution pour échapper à la tyrannie de la vitesse ? Comment ne pas tomber, au contraire, dans un excès de lenteur ? Face aux excès d'un monde lancé à toute allure, la lenteur se présente comme le remède aux maux de la société moderne. Mais la frontière entre lenteur et **ennui** est ténue, et les risques d'une vie vécue sans la moindre accélération n'en sont pas moins importants. Tout comme l'accélération incessante des modes de vie peut conduire à la dépression nerveuse, la lenteur excessive mène parfois à un état de **paralysie** ou d'**impuissance** sensiblement dangereux. La trop grande indifférence à l'environnement qui nous entoure peut s'apparenter à une capitulation

1. Pressurisé : mis sous pression.

2. Embardée : écart brusque et imprévu.

devant le monde moderne. L'individu risque alors de se retrouver **enfermé dans des modèles dépassés** et ne plus comprendre le monde dans lequel il vit. L'ennui radical d'une vie sans rythme s'avère un autre mal, non moins redoutable.

Des études récentes ont ainsi montré les **dangers de la procrastination**, cette disposition qui nous conduit à différer sans cesse nos actions. Au lieu de libérer du temps pour soi dans le moment présent, reporter à plus tard accentuerait le **stress** de l'individu en augmentant la liste des tâches à accomplir. À la façon d'un cercle vicieux, l'individu se trouve tétanisé devant ce qui lui reste à faire et reporte toujours plus ses obligations. La lenteur, lorsqu'elle est excessive, s'apparente ainsi à une **fuite sans perspective de bonheur**. Dans le cas le plus extrême, la lenteur serait l'expression du **désespoir** de l'homme dans le monde moderne.

DOC **24**

Gustave Flaubert
Madame Bovary

Dans Madame Bovary, *le romancier Gustave Flaubert (1821-1880) raconte l'histoire d'Emma, jeune femme mal mariée à Charles Bovary, qu'elle trouve fade et sans envergure. Nourrie de rêves romantiques et décidée à vivre des liaisons amoureuses pour s'échapper de son terne quotidien, Emma ne cesse pourtant d'être déçue par les quelques hommes qu'elle rencontre. Après la folle exaltation d'une liaison sans avenir, elle retourne à sa vie ordinaire, où la lenteur est synonyme d'ennui profond.*

[La lenteur, synonyme d'ennui]

Un garde-chasse, guéri par Monsieur[1], d'une fluxion de poitrine[2], avait donné à Madame une petite levrette[3] d'Italie ; elle

1. Monsieur : l'époux d'Emma, Charles Bovary, officier de santé.

2. Fluxion de poitrine : inflammation des organes thoraciques.

3. Levrette : race de lévrier.

la prenait pour se promener, car elle sortait quelquefois, afin d'être seule un instant et de n'avoir plus sous les yeux l'éternel jardin avec la route poudreuse.

Elle allait jusqu'à la hêtraie[1] de Banneville, près du pavillon abandonné qui fait l'angle du mur, du côté des champs. Il y a dans le saut-de-loup[2], parmi les herbes, de longs roseaux à feuilles coupantes.

Elle commençait par regarder tout alentour, pour voir si rien n'avait changé depuis la dernière fois qu'elle était venue. Elle retrouvait aux mêmes places les digitales et les ravenelles[3], les bouquets d'orties entourant les gros cailloux, et les plaques de lichen le long des trois fenêtres, dont les volets toujours clos s'égrenaient de pourriture, sur leurs barres de fer rouillées. Sa pensée, sans but d'abord, vagabondait au hasard, comme sa levrette, qui faisait des cercles dans la campagne, jappait[4] après les papillons jaunes, donnait la chasse aux musaraignes[5], ou mordillait les coquelicots sur le bord d'une pièce de blé. Puis ses idées peu à peu se fixaient, et, assise sur le gazon, qu'elle fouillait à petits coups avec le bout de son ombrelle[6], Emma se répétait :

– Pourquoi, mon Dieu ! me suis-je mariée ?

Elle se demandait s'il n'y aurait pas eu moyen, par d'autres combinaisons du hasard, de rencontrer un autre homme ; et elle cherchait à imaginer quels eussent été ces événements non survenus, cette vie différente, ce mari qu'elle ne connaissait pas. Tous, en effet, ne ressemblaient pas à celui-là. Il aurait pu être beau, spirituel[7], distingué, attirant, tels qu'ils étaient sans doute, ceux qu'avaient épousés ses anciennes camarades du couvent. Que faisaient-elles maintenant ? À la ville, avec le bruit des rues, le bourdonnement des théâtres et les clartés[8] du bal, elles avaient des existences où le cœur se dilate, où les sens s'épanouissent. Mais

---

1. **Hêtraie :** lieu planté de hêtres.
2. **Saut-de-loup :** large fossé dissuadant d'entrer dans une propriété.
3. **Les digitales et les ravenelles :** plantes herbacées.
4. **Jappait :** aboyait.
5. **Musaraignes :** rongeurs des champs.
6. **Ombrelle :** petit parasol.
7. **Spirituel :** plein d'esprit.
8. **Clartés :** lumières.

elle, sa vie était froide comme un grenier dont la lucarne[1] est au nord, et l'ennui, araignée silencieuse, filait sa toile dans l'ombre à tous les coins de son cœur. Elle se rappelait les jours de distribution de prix, où elle montait sur l'estrade pour aller chercher ses petites couronnes. Avec ses cheveux en tresse, sa robe blanche et ses souliers de prunelle[2] découverts, elle avait une façon gentille, et les messieurs, quand elle regagnait sa place, se penchaient pour lui faire des compliments ; la cour était pleine de calèches, on lui disait adieu par les portières, le maître de musique passait en saluant, avec sa boîte à violon. Comme c'était loin, tout cela ! comme c'était loin !

Elle appelait Djali[3], la prenait entre ses genoux, passait ses doigts sur sa longue tête fine, et lui disait :

– Allons, baisez maîtresse, vous qui n'avez pas de chagrins.

Puis, considérant la mine mélancolique du svelte[4] animal qui bâillait avec lenteur, elle s'attendrissait, et, le comparant à elle-même, lui parlait tout haut, comme à quelqu'un d'affligé que l'on console.

Madame Bovary, 1857 ■

3 questions pour vous guider...

1. Quelle question posée par Emma résume son sentiment vis-à-vis de sa terne existence ?

2. Comment Emma conçoit-elle la vie à la ville ? À quoi l'oppose-t-elle ?

3. Relevez l'image par laquelle Flaubert évoque l'ennui de la vie d'Emma.

1. Lucarne : petite fenêtre de toit.

2. Prunelle : étoffe précieuse de laine et de soie.

3. Djali : nom de la chienne.

4. Svelte : mince.

DOC **25**

GEORGES PEREC

Un homme qui dort

Dans Un homme qui dort, *Georges Perec (1936-1982) raconte l'histoire d'un étudiant dans la France de l'après Seconde Guerre mondiale. Subitement, celui-ci décide de ne plus suivre le rythme que la vie moderne lui impose. Au lieu de se rendre à ses examens, il préfère rester chez lui, décidé à ne plus bouger et à ne plus rien faire. Face à un monde urbain qui ne cesse de s'agiter dans tous les sens, le jeune homme fait l'expérience de la lenteur, qui ressemble à s'y méprendre à une profonde dépression.*

[Lenteur ou dépression ?]

Ton réveil, depuis longtemps, marque cinq heures et quart. Il s'est arrêté, pendant ton absence, sans doute, et tu as négligé de le remettre en marche. Dans le silence de ta chambre, le temps ne pénètre plus, il est alentour, bain permanent, encore plus présent, obsédant, que les aiguilles d'un réveil que tu pourrais ne pas regarder, et pourtant légèrement tordu, faussé, un peu suspect : le temps passe, mais tu ne sais jamais l'heure, le clocher de Saint-Roch[1] ne distingue pas le quart, ni la demie, ni les trois quarts, l'alternance des feux au croisement de la rue Saint-Honoré et de la rue des Pyramides n'intervient pas chaque minute, la goutte d'eau ne tombe pas chaque seconde. Il est dix heures, ou peut-être onze, car comment être sûr que tu as bien entendu, il est tard, il est tôt, le jour naît, la nuit tombe, les bruits ne cessent jamais tout à fait, le temps ne s'arrête jamais totalement, même s'il n'est plus qu'imperceptible : minuscule brèche dans le mur du silence, murmure ralenti, oublié, du goutte à goutte, presque confondu avec les battements de ton cœur.

Ta chambre est la plus belle des îles désertes, et Paris est un désert que nul n'a jamais traversé. Tu n'as besoin de rien d'autre que de ce calme, de ce sommeil, que de ce silence, que de cette

1. **Clocher de Saint-Roch :** église parisienne située rue du faubourg Saint-Honoré.

torpeur[1]. Que les jours commencent et que les jours finissent, que le temps s'écoule, que ta bouche se ferme, que les muscles de ta nuque, de ta mâchoire, de ton menton, se relâchent tout à fait, que seuls les soulèvements de ta cage thoracique, les battements de ton cœur témoignent encore de ta patiente survie.

Ne plus rien vouloir. Attendre, jusqu'à ce qu'il n'y ait plus rien à attendre. Traîner, dormir. Te laisser porter par les foules, par les rues. Suivre les caniveaux, les grilles, l'eau le long des berges. Longer les quais, raser les murs. Perdre ton temps. Sortir de tout projet, de toute impatience. Être sans désir, sans dépit, sans révolte. Ce sera devant toi, au fil du temps, une vie immobile, sans crise, sans désordre : nulle aspérité, nul déséquilibre. Minute après minute, heure après heure, jour après jour, saison après saison, quelque chose va commencer qui n'aura jamais de fin : ta vie végétale, ta vie annulée.

Un homme qui dort, 1967 © Éditions Denoël ■

3 questions pour vous guider...

1. Quel est le rythme du temps dans le premier paragraphe ?
2. Pourquoi Paris est-elle qualifiée de « désert » (l. 19) ?
3. Comment se signale, dans le dernier paragraphe, le progressif dégoût de la vie qu'éprouve le narrateur ?

DOC **26**

Léa Lucas

Procrastination : 85 % des Français sont concernés par ce fléau

Dans cet article paru dans le quotidien Le Figaro*, la journaliste Léa Lucas revient, à l'occasion de la journée mondiale qui lui est consacrée, sur la procrastination. Loin d'être un problème anecdotique, la procrastination – remettre au lendemain l'exécution d'une tâche – constitue un sujet de préoccupation majeur. Vouloir ralentir face à une société dominée par la vitesse peut se révéler dommageable, au travail comme à la maison.*

1. Torpeur : engourdissement.

[Le danger de la procrastination]

La journée de la procrastination s'est déroulée ce lundi 25 mars. Une raison suffisante pour que Le Figaro *publie son article sur le sujet deux jours après. Premier constat : les Français procrastinent davantage à la maison qu'au travail !*

« Ça peut attendre encore un peu », « je ferai ça au dernier moment », « je serai plus motivé demain » : avez-vous déjà prononcé ces phrases plus d'une fois ? Si la réponse est positive, vous êtes une personne adepte à la procrastination ou l'art de remettre les contraintes au lendemain. Mais, grâce à l'enquête* de Odaxa, institut d'études indépendant, vous pouvez désormais faire partie de cette catégorie de personnes sans culpabilité car ce phénomène est bien plus répandu que ce que votre entourage veut vous faire croire. 85 % des Français admettent, en effet, être concernés par ce « défaut » et atteint même 92 % chez les 18-24 ans. De quoi se dédouaner[1] de ses remords ! Les premières activités sacrifiées à cause de la procrastination sont les pratiques physiques et sportives pour 60 % des sondés, autrement dit, ils renoncent au temps libre dont ils disposent pour se détendre ou bien se libérer d'un trop-plein de stress. Juste derrière, un Français sur deux (51 %) déclare qu'il peine à s'atteler aux tâches ménagères ou à l'entretien de son logement. Là, nous comprenons davantage ! En revanche, ce qui peut paraître plus qu'inquiétant c'est la négligence des Français à l'égard de leur santé. Presque un sur deux (46 %) repousse à plus tard ses rendez-vous médicaux. Par ailleurs, 43 % des Français traînent pour changer de fournisseurs ou résilier des abonnements et 36 % reportent des décisions lourdes de conséquences comme changer de travail ou déménager. Les Français ont donc tendance à traîner la patte, à faire preuve d'inertie[2], incapables d'accomplir leurs tâches quotidiennes en temps et en heure. À une exception près et pas des moindres. Les Français seraient plus sérieux et plus

---

1. Dédouaner : délivrer.

2. Inertie : absence de volonté.

réguliers dans leurs tâches administratives et... professionnelles ! Deux tiers des interrogés (66 %) confient payer les impôts ou une amende rapidement et moins d'un quart (24 %) procrastine au travail. Cette constatation semble tout à fait réjouissante !

Un «défaut» largement répandu dont les Français veulent se défaire et... à raison !

Les Français perçoivent-ils ce constat de la même manière ? La procrastination est-elle néfaste à ce point ? Il semblerait que oui pour 65 % d'entre eux qui considèrent ce penchant comme problématique. Conscients que cela peut leur causer du tort, ils tentent de résister à cette tentation. Cependant, il n'est pas toujours facile de se défaire de mauvaises habitudes. Seulement 22 % dit y parvenir contre 43 % qui expriment une vraie difficulté à changer. Les femmes (69 %) et les jeunes (78 %) tout particulièrement puisque ce sont les catégories qui désirent le plus changer leurs habitudes et arrêter de tout remettre au lendemain. Se débarrasser de ce mauvais réflexe est justifié pour la plupart des interrogés qui perçoivent les effets négatifs de la procrastination. Plus d'un sur deux (55 %) estiment que cela les empêche d'être réguliers dans leur pratique sportive, 45 % d'être à jour en matière de santé et 40 % reconnaissent même que cela leur fait perdre de l'argent. Par ailleurs, 54 % trouvent que cela leur fait perdre du temps et, donc, provoque chez eux le sentiment d'être stressés (51 %) voire débordés (54 %). Enfin, la procrastination aurait des impacts négatifs sur les relations et la bonne entente au sein des foyers. 31 % déclarent, en effet, que cela génère frustrations et disputes dans leur famille. Ce sentiment est plus important chez les femmes (35 %) et les jeunes de 18-24 ans (47 %) et 25-34 ans (58 %). À l'inverse, cesser la procrastination aurait de nombreuses vertus[1]. Les Français affirment que lorsqu'ils font les choses rapidement, ils se sentent mieux et meilleurs. Plus de sept répondants sur dix (73 %) avouent être plus sereins, 70 % plus motivés et 68 % plus productifs. Ainsi, beaucoup d'entre eux deviennent dès lors

1. **Vertus :** avantages.

de vrais atouts pour les entreprises. Également, plus disponibles (69 %) et plus agréables avec autrui (58 %), les Français améliorent la qualité de leurs relations sociales et professionnelles. En définitive, arrêter de procrastiner est un véritable cercle vertueux qui touche à toutes les dimensions du quotidien. Ce phénomène ne peut rendre les Français qu'heureux (64 %). Nous savons donc ce qu'il nous reste à faire l'année prochaine : publier l'article sur la procrastination dans les temps voire même… à l'avance. Cap ?

* L'enquête a été réalisée auprès d'un échantillon de Français interrogés en ligne les 13 et 14 février 2019. Échantillon de 1 002 individus représentatif de la population française âgée de 18 ans et plus.

« Procrastination : 85 % des Français sont concernés par ce fléau »,
lefigaro.fr, 28/03/2019 ■

3 questions pour vous guider…

1. Par quels propos rapportés la journaliste choisit-elle de résumer la procrastination ?
2. Relevez la phrase qui indique que les Français souffrent davantage de la procrastination à la maison qu'au travail.
3. Citez les trois vertus qui pourraient être développées si les Français cessaient toute procrastination.

DOC **27**

Samuel Beckett
Oh les beaux jours

Dans sa pièce Oh les beaux jours, *le dramaturge irlandais Samuel Beckett (1906-1989) questionne le langage dramatique et la société d'après-guerre. Il met ici en scène Winnie, une femme enterrée jusqu'au buste dans un monticule de sable, uniquement entourée de quelques objets. Winnie ne symboliserait-elle pas le risque d'immobilisme qui guette ceux qui choisissent la lenteur contre la vitesse ?*

[Le risque d'immobilisme]

Étendue d'herbe brûlée s'enflant au centre en petit mamelon[1]*. Pentes douces à gauche et à droite et côté avant-scène. Derrière, une chute plus abrupte au niveau de la scène. Maximum de simplicité et de symétrie.*

Lumière aveuglante.

Une toile de fond en trompe-l'œil très pompier[2] *représente la fuite*[3] *et la rencontre au loin d'un ciel sans nuages et d'une plaine dénudée.*

Enterrée jusqu'au-dessus de la taille dans le mamelon, au centre précis de celui-ci, WINNIE. *La cinquantaine, de beaux restes, blonde de préférence, grassouillette, bras et épaules nus, corsage très décolleté, poitrine plantureuse*[4]*, collier de perles. Elle dort, les bras sur le mamelon, la tête sur les bras. À côté d'elle, à sa gauche, un grand sac noir, genre cabas, et à sa droite une ombrelle à manche rentrant (et rentré) dont on ne voit que la poignée en bec-de-cane.*

À sa droite et derrière elle, allongé par terre, endormi, caché par le mamelon, WILLIE.

Un temps long. Une sonnerie perçante se déclenche, cinq secondes, s'arrête. Winnie ne bouge pas. Sonnerie plus perçante, trois secondes. Winnie se réveille. La sonnerie s'arrête. Elle lève la tête, regarde devant elle. Un temps long. Elle se redresse, pose les mains à plat sur le mamelon, rejette la tête en arrière et fixe le zénith[5]*. Un temps long.*

WINNIE. – *(Fixant le zénith.)* Encore une journée divine. *(Un temps. Elle ramène la tête à la verticale, regarde devant elle. Un temps. Elle joint les mains, les lève devant sa poitrine, ferme les yeux. Une prière inaudible remue ses lèvres, cinq secondes. Les lèvres s'immobilisent, les mains restent jointes. Bas.)* Jésus-Christ Amen. *(Les yeux s'ouvrent, les mains se disjoignent, reprennent leur place sur le mamelon. Un temps. Elle joint de nouveau les mains, les lève de nouveau devant sa poitrine. Une arrière-prière inaudible remue de nouveau ses lèvres, trois secondes. Bas.)* Siècle des siècles Amen.

---

1. **Mamelon :** monticule.
2. **Pompier :** grossièrement peinte.
3. **Fuite :** ligne d'horizon du paysage.
4. **Plantureuse :** généreuse.
5. **Zénith :** point culminant de la course du soleil.

(Les yeux s'ouvrent, les mains se disjoignent, reprennent leur place sur le mamelon. Un temps.) Commence, Winnie. *(Un temps.)* Commence ta journée, Winnie.

Oh les beaux jours, 1963 © Éditions de Minuit ■

3 questions pour vous guider...

1. Quel sens donné aux objets qui entourent Winnie ?
2. Quelle phrase nominale Samuel Beckett choisit-il de répéter à plusieurs reprises dans les didascalies ?
3. Selon vous, les paroles de Winnie sont-elles en accord avec la position statique de son corps ? Justifiez.

SUJET 1 Doit-on limiter la vitesse ?

Tous les jours, sur les routes de France, près de dix personnes meurent dans un accident de voiture en raison, le plus souvent, d'excès de vitesse. Limiter la vitesse est donc devenue une nécessité de santé publique. Mais tout le monde est-il prêt à aller moins vite ? La vitesse ne demeure-t-elle pas, en dépit de la mort, l'idéal d'une vie sans limites et sans entraves ?

Les sites à explorer

- **Routes : la vitesse, principale cause des accidents mortels**

  http://www.lefigaro.fr/flash-actu/2019/01/28/97001-20190128FILWWW00102-routes-la-vitesse-principale-cause-des-accidents-mortels.php

  Dans cet article du *Figaro* accompagné d'une vidéo, le journaliste revient sur une des mesures gouvernementales qui a suscité le plus de controverses ces dernières années : l'abaissement de 10 km/h de la limitation de vitesse sur les routes. En passant de 90 à 80 km/h sur les routes départementales et nationales, il s'agit pour les autorités publiques de lutter activement contre un fléau : la vitesse. Le problème ne relève ainsi pas uniquement du ministère des transports mais aussi du ministère de la santé car, en à peine deux mois, limiter la vitesse a permis de sauver 116 vies.

- **Loire-Atlantique : le département explique pourquoi il ne reviendra pas sur la limitation à 80 km/h**

  https://www.20minutes.fr/nantes/2537563-20190611-loire-atlantique-departement-explique-pourquoi-reviendra-limitation-80-kmh

  Dans cet article du quotidien *20 Minutes*, le journaliste évoque la fin de la mesure gouvernementale sur l'abaissement de la limitation de vitesse. Après la crise des Gilets jaunes et de nombreuses protestations, le seuil de la vitesse est revenu dans nombre de départements à 90 km/h. Quelques départements cependant s'y refusent, comme la Loire-Atlantique, car, pour le président du département, abaisser la vitesse est un « progrès ». Rouler vite ne peut se faire qu'au péril de sa vie : la société doit entrer dans une culture du ralentissement. C'est une question de santé publique.

VERS L'EXPOSÉ

1. Pourquoi limiter la vitesse ?

En visionnant la vidéo de l'article du *Figaro*, vous dégagerez, dans le cadre d'un exposé, les trois arguments majeurs avancés pour démontrer en quoi l'abaissement de la vitesse est une nécessité pour sauver des vies.

2. Peut-on efficacement limiter la vitesse ?

Vous lirez conjointement les articles du *Figaro* et de *20 Minutes* pour relever les arguments défendant l'abaissement de la vitesse et ceux qui s'y opposent. Vous imaginerez ensuite un débat dans lequel vous vous poserez cette question : pourquoi abaisser la limitation de vitesse rencontre autant de résistances ?

SUJET 2 La vitesse, source de stress ?

De nos jours, aller de plus en plus vite est une compétence qui permet de se distinguer des autres sur le marché du travail. Mais que se passe-t-il lorsque l'on n'est plus aussi rapide et efficace qu'auparavant ? Comment lutter contre l'accélération sans limite de nos vies ? Est-il encore possible de sortir de cette société du stress généralisé ?

Les sites à explorer

- **La tête au carré : « Accélération de nos rythmes de vie »**

  https://www.franceinter.fr/emissions/la-tete-au-carre/la-tete-au-carre-08-janvier-2014

  Dans cette émission de France Inter, consacrée à l'accélération contemporaine des rythmes de vie, se succèdent, au micro de Mathieu Vidard, Nicole Aubert, sociologue et psychologue, et Sébastien Bohler, journaliste et neurobiologiste de formation. Tous deux conviennent tout d'abord de ce qu'aujourd'hui la société est obsédée par le gain de temps et que la vitesse est devenue le critère absolu de toutes les activités. Dans un second temps, Aubert et Bohler appellent à sortir de cette société de l'urgence en proposant d'aménager les rythmes de vie.

- **On est fait pour s'entendre : est-il possible de ralentir le rythme de notre quotidien ?**

  https://www.rtl.fr/actu/debats-societe/est-il-possible-de-ralentir-le-rythme-de-notre-quotidien-7794505630

  Dans son émission de radio sur RTL, l'animatrice Flavie Flament donne la parole à Diane Ballonad Rolland, consultante en gestion du temps. Pour nombre d'individus, le stress et la pression ressentis quotidiennement empêchent de pouvoir disposer de son temps comme on le voudrait. Comment faire pour ralentir le temps ? Comment faire pour ne plus subir la vitesse et ne plus être constamment victime de ses excès ? Existe-t-il des moyens pour enfin maîtriser son temps et ne plus avoir à se conformer au rythme effréné de la société ?

VERS L'EXPOSÉ

1. Une société de l'accélération

Dégagez, dans le cadre d'un exposé, les trois arguments majeurs avancés par Nicole Aubert et Sébastien Bohler pour expliquer pourquoi, de nos jours, la société est victime de son goût pour l'accélération technique et sociale.

2. Ralentir, un idéal impossible ?

Visionnez la vidéo de RTL et relevez les conseils pratiques qui sont dispensés pour essayer de ralentir un rythme de vie devenu frénétique, notamment au travail. Vous pourrez ensuite vous poser la question suivante : est-il encore temps de ralentir ?

Course de chevaux dit ***Le Derby de 1821 à Epsom*** (1821), de Théodore Géricault.

→ **PRÉSENTATION ET QUESTIONS • CHAPITRE 1, DOC 6, p. 28.**

Affiche du film ***L'Étoffe des héros*** (1983), de Philip Kaufman.

→ **PRÉSENTATION ET QUESTIONS • CHAPITRE 1, DOC 11, p. 40.**

5 Deaths on Orange (Orange Disaster) (1963), d'Andy Warhol.

→ **PRÉSENTATION ET QUESTIONS • CHAPITRE 2, DOC 18, p. 68.**

Affiche du film ***Tout s'accélère*** (2016), de Gilles Vernet.

→ **PRÉSENTATION ET QUESTIONS • CHAPITRE 3, CINÉ & CIE, p. 98.**

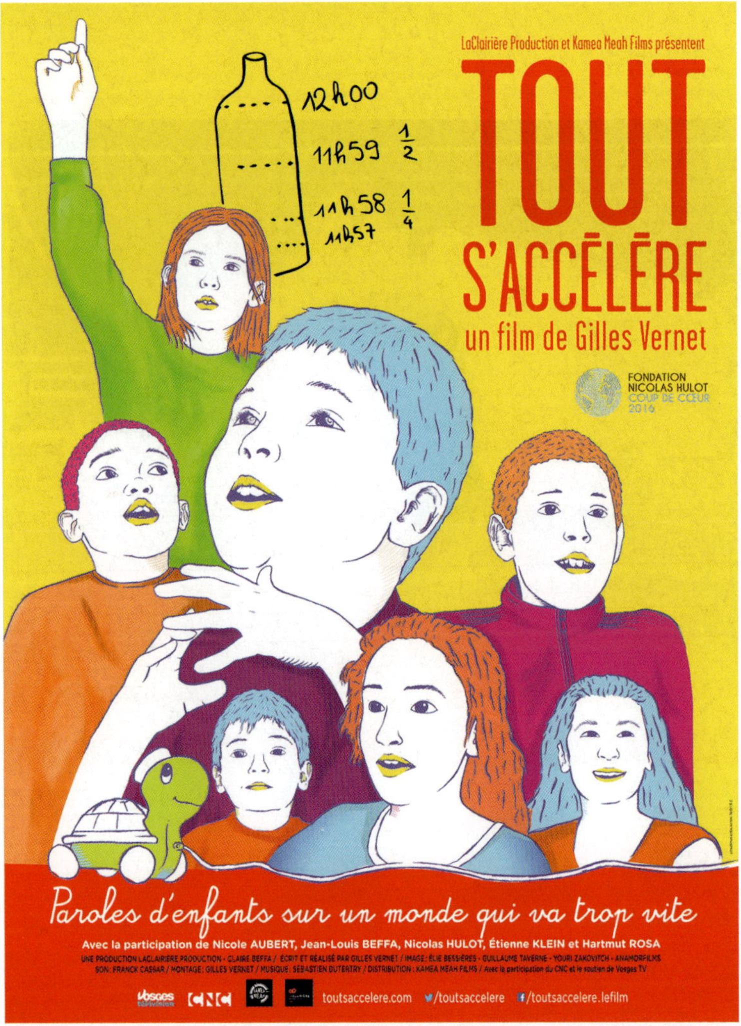

Affiche du film ***Une histoire vraie*** (1999), de David Lynch.

→ **PRÉSENTATION ET QUESTIONS • CHAPITRE 3, DOC 33, p. 118.**

Slow! (2009), Illustration de A.Richard Allen.

→ **PRÉSENTATION ET QUESTIONS • CHAPITRE 3, DOC 35, p. 122.**

Photographie extraite du film ***Alexandre le bienheureux*** (1967), d'Yves Robert.

→ **PRÉSENTATION ET QUESTIONS • CHAPITRE 3, DOC 37, p. 124.**

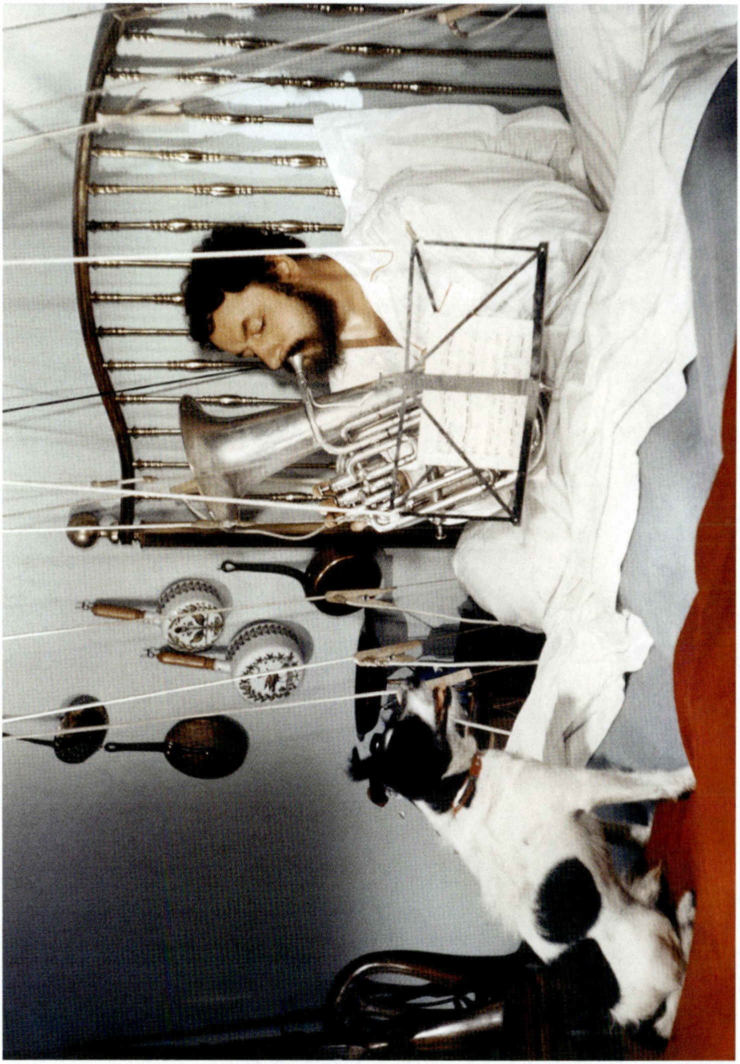

Personne pratiquant du yoga dans un jardin public de Bordeaux
(24 mai 2012), photographie d'Éric Bouloumié.

→ PRÉSENTATION ET QUESTIONS • CHAPITRE 3, DOC 40, p. 131.

CHAPITRE 3

S'épanouir à son **rythme**

et pour entrer
dans le vif du sujet…

CINÉ & Cie p. 98

Un film pour entrer dans le vif du sujet

« Où passe tout le temps que nous gagnons ? » se demande l'un des intervenants du film documentaire de Gilles Vernet. Cette question trouve effectivement un écho sans précédent dans nos sociétés modernes. Si tout va de plus en plus vite, comment est-il possible que beaucoup d'entre nous aient le sentiment de ne plus avoir le temps de vivre ? Comme le suggèrent Gilles Vernet et les différents intervenants de son film, il est aujourd'hui crucial de **décélérer** et de **changer de rythme de vie**. Notre bien-être et l'avenir de l'humanité sont en jeu : il faut agir avant que ne survienne une catastrophe (technologique, sociale ou environnementale). « S'épanouir à son rythme », selon l'expression courante, devient alors une priorité pour tous.

Tout s'accélère
de Gilles Vernet, 2016, France

Le résumé du film

Après avoir travaillé durant de longues années dans la finance, Gilles Vernet est désormais instituteur dans une école primaire du XIXe arrondissement de Paris. Avec sa classe de CM2, il s'interroge sur l'**accélération vertigineuse** de notre société qui a fait de la vitesse son idéal. Troublé par la force et le bon sens des réponses de ses élèves, il décide de les filmer dans le cadre d'un documentaire qui déploie une réflexion sur la société de l'urgence dans laquelle nous vivons. À côté des initiatives de ses élèves, qui se prêtent au jeu en demandant à leurs parents et à des passants de réfléchir au rôle que joue la vitesse dans leurs vies, Vernet fait se succéder des entretiens avec des personnalités comme Nicolas Hulot ou Hartmut Rosa. Chacun réfléchit à la façon dont on pourrait intervenir dans l'espoir de **ralentir cette course folle** qui use la société.

Le lien avec le thème

Le film documentaire de Gilles Vernet met tout d'abord en scène l'expérience personnelle de son réalisateur. Autrefois employé d'une société financière, il a fini par renoncer à ce travail en raison de son rythme frénétique et de la **compétition oppressante** qui y règnent. Devenu ensuite instituteur, cet ancien trader a appris à **réinventer son rythme de vie**. Échapper à la tyrannie de la vitesse en se consacrant à l'éducation des enfants lui permet de **redonner un sens** à ses activités et de reprendre ainsi goût à la vie. Décélérer pour se recentrer sur l'essentiel lui est devenu une nécessité.

En partant de son histoire personnelle, l'instituteur propose à ses élèves une réflexion sur la manière de réinventer un monde qui ne serait pas prisonnier de la vitesse. Lors de séquences filmées en classe, les enfants interrogés indiquent qu'il est essentiel, dans un monde où seule la rapidité compte, de décélérer. Ils sont de fait conscients que si le monde continue à aller de plus en plus vite, c'est l'humanité entière qui risque finalement de disparaître.

Observez l'affiche du film

CAHIER PHOTOS p. IV

1. Quelles sont les différentes composantes de l'affiche ?
2. Que représentent le dessin et la tortue qui figurent aux côtés des enfants ?
3. Quel est le slogan présent sur l'affiche ? Comment l'interprétez-vous ?

Visionnez le film et commentez-le !

1. Comment le questionnement sur la vitesse débute-t-il en classe ? Comment les enfants orientent-ils immédiatement le débat vers la nécessité de revoir le rythme de vie de chacun ?
2. Quels sont les deux principes clés du monde moderne évoqués par Nicolas Hulot dans son entretien ? En quoi témoignent-ils de la course vaine de l'humanité selon lui ?
3. Comment les élèves abordent-ils les passants dans la rue ? Pourquoi les passants ont-ils des amendes ? Que doivent-ils faire en contrepartie ?

« Descendre du train en marche », c'est ce que semble souhaiter aujourd'hui un nombre grandissant d'individus. Le **règne de la vitesse** a pris une telle ampleur dans les sociétés contemporaines qu'il ne paraît plus compatible avec la perspective du bonheur. Vivre dans une société où l'urgence s'est établie en toute chose est devenue **insupportable** sinon invivable. L'**omniprésence de la vitesse** dans tous les domaines de la vie est ressentie comme une **agression permanente** qui ne laisse aucun répit. Comment dès lors trouver le bon rythme de vie ? Peut-on s'épanouir à son rythme, dans une société où tout va vite ?

De plus en plus, le sentiment de ne plus maîtriser son existence cède la place au besoin de reprendre sa vie en main. **Choisir de ralentir**, à l'instar de Gilles Vernet, se présente comme une alternative à la course folle du monde. Beaucoup d'individus refusent désormais de se soumettre à l'impératif de la vitesse et au règne de l'immédiateté. Le ralentissement ne s'apparente plus à une perte de temps mais à une **réaction saine et salutaire** contre les effets délétères de l'accélération. De la vitesse à l'urgence, ou de la rapidité à l'instantanéité, il n'y a qu'un pas que certains ne souhaitent plus franchir. Ralentir, dans nos sociétés modernes, pour **suivre un rythme plus raisonnable** se présente ainsi comme un modèle de vie possible à partir du moment où l'on en fait le choix.

Mais ralentir suffit-il à lutter contre la vitesse et ses ravages ? Certains vont plus loin encore en considérant qu'il faut aller jusqu'à faire une pause, s'arrêter, s'immobiliser. **Marquer un temps d'arrêt**, dans une société en constante accélération, n'est pas une provocation mais bien un **acte qui fait sens**. Certains penseurs réhabilitent la notion de l'immobilité et en démontrent toute l'importance. De nombreuses activités humaines nécessitent d'ailleurs un temps d'arrêt : que l'on pense, par exemple, au **travail artisanal** du potier, à l'expérience chimique du chercheur, à la toile fraîche du peintre ou à la fenêtre ouverte sur le monde de l'écrivain. Pour d'autres, s'immobiliser est un **acte de résistance** politique et sociale face à l'aliénation des sociétés modernes.

Néanmoins, de nouvelles façons de vivre invitent à dépasser le clivage entre la vitesse et la lenteur. Si la vitesse appliquée à tous les domaines de la vie n'est plus tenable, lorsqu'elle est **tempérée par des moments de ralentissement** l'horizon change : nous sommes plus disposés à la supporter et même souvent satisfaits de pouvoir en profiter. Car il s'agit aussi de **vivre sans pour autant se priver de tous les possibles** qu'offre la vitesse. Il faudrait donc considérer qu'en définitive, loin de s'opposer, la vitesse et la lenteur seraient simplement deux tempos différents, eux-mêmes variables selon les circonstances, et que chacun modulerait pour **trouver son rythme propre**. Qu'il s'agisse du rythme du sprinter ou de celui du coureur de fond, du rythme biologique de la nature ou de nouveaux rythmes inventés, seul importe l'**équilibre** trouvé entre les exigences de la société et l'épanouissement de l'individu.

A Choisir de ralentir

Et si la lenteur n'était pas une faiblesse mais, au contraire, une force ? Telle est la question qui, depuis quelques années, se fait entendre avec insistance dans le débat public. La lenteur, autrefois associée à la paresse, l'inefficacité ou le manque de vivacité, est maintenant recherchée pour ses **bienfaits**. Ralentir s'avère une **force**, à tel point que les valeurs attachées à la vitesse semblent s'être renversées : jusqu'alors louée, elle tend maintenant à être décriée.

Aller à son rythme ou **prendre son temps**, comme l'illustre la fable de La Fontaine, ne signifie pas le perdre mais plutôt en gagner. Dans la vie professionnelle, il est aujourd'hui démontré que **ralentir le rythme effréné** imposé aux travailleurs est un facteur positif pour une entreprise. Décélérer permet non seulement de **prévenir les risques sur la santé**, mais aussi d'améliorer la qualité du travail et des relations entre les individus.

Si décélérer au travail se montre profitable, les possibilités de ralentir son rythme dans notre vie personnelle sont de plus en plus revendiquées. À l'image du **mouvement Slow** qui fait de la lenteur le paramètre régulateur de toute activité humaine, choisir de ralentir peut s'appliquer – bien qu'à des degrés divers – à chaque aspect de la vie. La **marche** et la contemplation de la nature sont notamment perçues comme un moyen de **renouer avec un rythme de vie plus lent**, qui ne se préoccupe plus du tout de la performance. Il s'agit avant tout de **se rendre plus disponible au monde** et de le redécouvrir dans toute sa diversité. La lenteur s'impose ainsi de plus en plus comme un véritable **art de vivre**.

DOC **28**

Jean de La Fontaine

Le Lièvre et la Tortue

Dans « Le Lièvre et la Tortue », l'une de ses plus célèbres fables, Jean de La Fontaine (1621-1695) met en scène le face-à-face entre un lièvre et une tortue, décidés à faire la course. À travers l'affrontement de ces deux animaux personnifiés en êtres doués de langage, le poète propose une morale sans appel contre le culte de la vitesse. À ceux qui, comme le lièvre, se croient d'emblée vainqueurs parce que plus rapides, La Fontaine oppose les attributs de la tortue. Faire preuve de patience et d'endurance est la voie royale vers la réussite.

[La lenteur, une possible voie vers la réussite]

Rien ne sert de courir; il faut partir à point[1].
Le Lièvre et la Tortue en sont un témoignage.

---

1. **À point:** au bon moment.

Gageons[1] dit celle-ci, que vous n'atteindrez point
Si tôt que moi ce but. Si tôt ? Êtes-vous sage ?
Repartit l'Animal léger[2].
Ma Commère[3], il vous faut purger
Avec quatre grains d'ellébore[4].
Sage ou non, je parie encore.
Ainsi fut fait : et de tous deux
On mit près du but les enjeux[5].
Savoir quoi, ce n'est pas l'affaire ;
Ni de quel juge l'on convint.
Notre Lièvre n'avait que quatre pas à faire ;
J'entends de ceux qu'il fait lorsque prêt d'être atteint
Il s'éloigne des Chiens, les renvoie aux calendes[6],
Et leur fait arpenter[7] les landes.
Ayant, dis-je, du temps de reste pour brouter,
Pour dormir, et pour écouter
D'où vient le vent, il laisse la Tortue
Aller son train de Sénateur[8].
Elle part, elle s'évertue[9] ;
Elle se hâte avec lenteur.
Lui cependant méprise une telle victoire ;
Tient la gageure[10] à peu de gloire ;
Croit qu'il y va de son honneur
De partir tard. Il broute, il se repose,
Il s'amuse à toute autre chose
Qu'à la gageure. À la fin quand il vit
Que l'autre touchait presque au bout de la carrière[11],
Il partit comme un trait[12] ; mais les élans qu'il fit

1 Gageons : parions.
2. Léger : imprudent.
3. Ma Commère : mon amie.
4. Ellébore : plante aux vertus vomitives.
5. On mit près du but les enjeux : on fit valoir quels étaient les enjeux de la course.
6. Les renvoie aux calendes : les laisse très loin derrière lui.
7. Arpenter : parcourir en tous sens.
8. Aller son train de Sénateur : avancer très lentement.
9. S'évertue : s'efforce.
10. Gageure : défi.
11. Carrière : course.
12. Trait : flèche.

Furent vains[1] ; la Tortue arriva la première.
Eh bien, lui cria-t-elle, avais-je pas raison ?
De quoi vous sert votre vitesse ?
Moi l'emporter ! et que serait-ce
Si vous portiez une maison ?

« Le Lièvre et la Tortue », *Fables*, 1668

3 questions pour vous guider...

1. Relevez la morale de la fable : comment l'interprétez-vous ?
2. Relevez deux vers montrant que le lièvre prend son temps.
3. Que déclare la tortue après sa victoire ? Pourquoi ?

DOC **29**

David Le Breton

Marcher. Éloge des chemins et de la lenteur

Le sociologue David Le Breton (né en 1953) réfléchit dans son essai Marcher. Éloge des chemins et de la lenteur *à la manière dont la marche à pied s'impose comme une activité essentielle pour lutter contre une société aliénée par la vitesse. Loin de la frénésie du monde moderne, la marche permet de renouer avec un rythme en accord avec notre corps et la nature. Marcher, c'est ainsi prendre son temps pour mieux apprécier le monde et redécouvrir les plaisirs de la vie.*

[Redécouvrir la marche pour prendre son temps]

La marche ne se joue pas seulement dans l'espace, le temps également est mobilisé. Ce n'est plus la durée du quotidien scandée[2] par les tâches du jour et les habitudes, mais un temps qui s'étire, flâne, se détache de l'horloge. Cheminement dans un

1. **Vains :** inutiles.

2. **Scandée :** rythmée.

temps intérieur, retour à l'enfance ou à des moments de l'existence propices[1] à un retour sur soi, remémoration qui égrène[2] au fil de la route des images d'une vie, la marche sollicite une suspension heureuse du temps, une disponibilité à se livrer à des improvisations selon les événements du parcours. Le marcheur est le seul maître de son temps, il décide de son rythme de progression, s'arrête à sa guise pour observer un détail du paysage ou une source, plonger dans l'eau fraîche d'un lac ou d'une rivière, ou pour musarder[3] dans l'herbe, observer un cortège de fourmis ou suivre le cheminement tortueux[4] d'une couleuvre ou d'un orvet[5] Il rebrousse chemin car il souhaite revoir de plus près un détail du fossé qui l'a intrigué sur le moment sans l'arrêter, il s'arrête à l'écoute d'un bruit dans les fourrés, ou pour regarder un renard passer avec une royale indifférence à quelques dizaines de mètres, il accélère pour apercevoir un cerf qui s'est glissé dans la végétation.

Le marcheur est dans l'alternance de l'observation de l'immense et du minuscule. Dans *Sourates,* J. Lacarrière[6] décrit ses années d'enfance passées dans un jardin du Val de Loire à inventorier les fleurs, les plantes de son jardin, il conclut qu'il « lui est resté de cette époque la passion de ce monde infime, le désir de devenir un jour "le géographe des brindilles ou l'océanographe des flaques" ». Merveilleuse définition du marcheur attentif à tout ce qui croise son chemin, du paysage aux animaux, des fleurs aux rivières, et faisant flèche de tout bois car tout devient à ses yeux motif d'interrogation et de curiosité, comme si tout parcours induisait[7] un retour à l'enfance et à ses interrogations infinies. La marche mène à tous les savoirs. « C'est une des joies réelles de la marche que de s'arrêter là où l'inspiration vous prend, de s'asseoir sur le bord d'un ruisseau, au cœur d'une

1. Propices : favorables.
2. Égrène : énumère.
3. Musarder : traîner.
4. Tortueux : onduleux.
5. Orvet : reptile.
6. *Sourates,* J. Lacarrière : en 1982, Jacques Lacarrière (1925-2005) fit paraître *Sourates,* un recueil de méditations où l'écrivain se met à l'écoute de la nature environnante.
7. Induisait : avait pour conséquence.

clairière, dans une prairie, sur une route de campagne, d'écrire ainsi où bon vous semble, dans la nature ou même dans les cafés » (Lacarrière). Le jeune Laurie Lee[1] qui vient de laisser ses parents pour se rendre à pied en Espagne pense d'abord aller à Londres, à cent cinquante kilomètres de là. Mais le désir de voir la mer s'empare de lui. « Faire un crochet par Southampton rallongerait certes mon voyage de cent cinquante kilomètres mais c'était l'été et j'avais tout le temps moi ». Quand on dispose de son temps que signifie un détour de quelques jours, et d'ailleurs la marche n'est-elle pas toujours un détour ?

Échappée hors du temps ou dans un temps ralenti, la marche n'est pas une recherche de performance ou une quête de l'extrême sponsorisée par des marques commerciales, elle est un effort à la mesure des ressources propres au marcheur. En musardant au fil des chemins et du temps il décide seul de son emploi du temps. Rien ne l'empêche de faire une sieste au bord de la route ou de discuter avec ses compagnons. Le marcheur réinvente la flânerie, le fait de prendre son temps.

Marcher. Éloge des chemins et de la lenteur, 2012 © Éditions Métailié ■

3 questions pour vous guider...

1. Des lignes 1 à 9, qu'est-ce qui, selon David Le Breton, différencie la marche de notre quotidien ordinaire ?
2. « La marche mène à tous les savoirs » (l. 32) : quel est le sens de cette affirmation ?
3. Pourquoi, selon David Le Breton, la marche « n'est pas une recherche de performance » (l. 46) ? Quel exemple donne-t-il pour illustrer son propos ?

1. Laurie Lee : poète et romancier anglais (1914-1997) connu pour son amour des voyages.

DOC **30**

PIERRE SANSOT

Du bon usage de la lenteur

Dans son essai Du bon usage de la lenteur, *le philosophe Pierre Sansot (1928-2005) fait de la lenteur un art de vivre. Grâce à la lenteur, l'homme peut arriver à une forme de sagesse qui le rend disponible et réceptif à tout ce qui l'entoure. Quand on vit lentement, le temps s'étire et redonne toute sa place à des activités artistiques ou contemplatives. Face à l'urgence qui épuise, la lenteur favorise un retour sur soi, éveille la sensibilité et intensifie notre présence au monde.*

[La lenteur, un art de vivre]

Pour ma part, je me suis promis de vivre lentement, religieusement[1], attentivement toutes les saisons et les âges de mon existence.

Le monde est allé de plus en plus vite : les panzerdivisions[2] n'ont pas mis plus de quarante jours pour parcourir et occuper la France. Aujourd'hui, les hommes qui ne sont pas aptes à soutenir ce train d'enfer demeurent au bord de la route et souvent attendent en vain qui les dépannera et leur permettra de recoller au convoi. La raison veut-elle que nous nous inclinions devant un processus que l'on dit irréversible[3] ou bien ne nous invite-t-elle pas plutôt à nous soustraire à[4] une telle galopade quand rien ne la justifie ? Une simple remarque m'inciterait à emprunter la seconde voie. Les personnes si rapides devraient, en principe, accumuler une petite pelote honorable de temps libre où enfin elles vivraient pour elles-mêmes sans se soucier d'une tâche imposée. Or à l'évidence, elles me semblent vivre misérablement dans une sorte de pénurie[5],

---

1. Religieusement : avec une conscience extrême.
2. Panzerdivisions : chars de l'armée allemande du IIIe Reich d'Hitler en 1940.
3. Irréversible : sans retour en arrière possible.
4. Soustraire à : protéger contre.
5. Pénurie : manque.

étant toujours à la recherche de quelques instants où elles seraient délivrées d'un forcing[1] épuisant.

On aura compris que la lenteur dont je traiterai dans ce texte n'est pas un trait de caractère mais un choix de vie : il conviendrait de ne pas brusquer la durée et de ne pas nous laisser bousculer par elle – une tâche salubre[2], urgente, dans une société où l'on nous presse et où souvent nous nous soumettons de bon cœur à un tel harcèlement.

J'ai voulu décrire quelques attitudes qui laissent place à cette lenteur et nous assurent une âme égale[3].

Flâner : prendre son temps, se laisser guider par nos pas, par un paysage.

Écouter : se mettre à la disposition d'une autre parole à laquelle nous accordons crédit.

L'ennui : non point l'amour de rien mais l'acceptation et le goût de ce qui se répète jusqu'à l'insignifiance.

Rêver : installer en nous une conscience crépusculaire mais alerte, sensible.

Attendre : afin d'ouvrir l'horizon le plus vaste, le plus dégagé possible.

La Province intérieure : la part fanée de notre être, une figuration de l'anachronique[4].

Écrire : pour qu'advienne peu à peu en nous la vérité.

Le vin : école de sagesse.

Moderato cantabile[5] : la mesure plus que la modération.

Dans toutes ces expériences, la lenteur ne signifie pas l'incapacité d'adopter une cadence plus rapide. Elle se reconnaît à la volonté de ne pas brusquer le temps, de ne pas se laisser bousculer par lui, mais aussi d'augmenter notre capacité d'accueillir le monde et ne pas nous oublier en chemin.

Du bon usage de la lenteur, © Éditions Payot & Rivages, 1998 et 2000 pour l'édition de poche Rivages Poche Petite Bibliothèque ■

1. **Forcing :** effort intense.
2. **Salubre :** saine.
3. **Une âme égale :** la sérénité.
4. **Une figuration de l'anachronique :** une représentation de ce qui n'est plus.
5. ***Moderato cantabile* :** indication musicale invitant à jouer un morceau de manière lente.

3 questions pour vous guider...

1. Quel exemple Pierre Sansot prend-il pour illustrer que le monde va de plus en vite ?
2. À quel propos Pierre Sansot parle-t-il de « pénurie » (l. 16) ?
3. Expliquez pourquoi la lenteur est essentielle à chacune des différentes attitudes recommandées par Sansot (l. 27 à 41). Laquelle choisiriez-vous ?

DOC **31**

Eve Ysern

Tout va trop vite ! Et si on ralentissait ?

Dans son article pour le magazine Capital, *la journaliste Eve Ysern affirme l'importance de ralentir. En s'appuyant sur l'ouvrage de Carl Honoré, intitulé* Éloge de la lenteur, *elle défend l'idée que nous gagnerions tous à ralentir notre rythme de vie car, selon elle, il faut prendre son temps si l'on veut savourer la vie. Au travail notamment, ne plus subir l'urgence se révèle un réel atout : décélérer permet de retrouver sa vivacité et de gagner en efficacité.*

[Décélérer, une nouvelle priorité au travail]

Constamment sollicités et bombardés d'informations, nous nous agitons souvent en vain. Au boulot comme dans la vie, il faut savoir lever le pied[1] pour gagner en efficacité. Il existe d'ailleurs un mouvement de société en faveur du slow management, slow sexe, slow tourisme... et même du slow drinking[2]. Mais quels sont les bienfaits de la lenteur ?

Slow management, slow sexe, slow tourisme, slow design... la slow attitude se propage dans tous les champs de notre vie. En guise de fil rouge, un désir : celui de prendre son temps et de ne plus subir l'urgence. « La lenteur est une forme de résistance

1. Lever le pied : ralentir.
2. Slow drinking : boire lentement.

à l'accélération du rythme quotidien, affirme Pascale Hébel, directrice du département consommation du Crédoc[1]. Car les répercussions néfastes[2] de cette course contre la montre sont nombreuses au XXIe siècle : stress, mal-être, insatisfaction quant à la qualité de vie, etc. » Ce phénomène a pris une telle ampleur qu'on ne peut le réduire à un simple effet de mode. D'autant que le concept ne date pas d'hier et qu'il résonne aujourd'hui à l'échelle mondiale, comme l'a démontré le journaliste Carl Honoré dans *Éloge de la lenteur*, un best-seller traduit en plus de vingt langues.

Prendre le temps de savourer la vie

C'est au milieu des années 1980, en Italie, qu'un mouvement slow apparaît pour la première fois, le « slow food ». En réaction au fast-food et à toute la nébuleuse de la malbouffe, l'association Slow Food vise, dès sa création, à sensibiliser les individus à notre patrimoine culinaire mondial et à lutter contre l'uniformisation du goût. Choisir ses produits intelligemment et prendre le temps de les déguster procède d'une certaine vision du monde, aux antipodes[3] de la « McDonaldisation » de la planète. Le mouvement revendique aujourd'hui 100 000 membres dans le monde entier.

Depuis peu, ce modèle s'applique aussi à la boisson. Boire « slow », c'est renoncer à engloutir d'un trait et à la chaîne les verres d'alcool pour se consacrer au plaisir de savourer, lentement mais sûrement. Et la lenteur s'immisce[4] jusque sous nos couettes : les auteurs de *Slow Attitude. Oser ralentir pour mieux vivre* consacrent un chapitre entier de leur livre à la nécessité de lever le pied dans nos rapports amoureux et sexuels. Le vrai truc d'aujourd'hui pour être dans le coup – et surtout pour vivre mieux –, c'est de prendre son temps et de ralentir le rythme frénétique de nos existences.

---

1. Crédoc : centre de recherche pour l'étude et l'observation des conditions de vie, fondé en 1953.

2. Néfastes : négatives.

3. Aux antipodes : à l'opposé.

4. S'immisce : se glisse.

Équipés d'objets électroniques toujours plus rapides – la vitesse des connexions devrait septupler[1] d'ici à 2017 –, nous ne laissons pas se reposer notre cerveau, sollicité du matin au soir, sept jours sur sept. La bête noire de l'adepte du « slow » est d'ailleurs son smartphone. Une étude de l'Institut national du sommeil et de la vigilance révèle des chiffres étonnants. Ainsi, 42 % des Français dorment avec leur téléphone allumé, sous prétexte d'utiliser l'alarme. Or celle-ci fonctionne même lorsque le mobile est éteint. En fait, les individus ont un mal fou à déconnecter, même la nuit. Réveillées par un SMS, deux personnes sur trois lisent leur message. Pis, une sur cinq y répond ! Sans parler de ceux qui consultent leur téléphone en l'absence même de sonnerie. Persuadés d'avoir entendu leur appareil vibrer ou sonner, 67 % des dormeurs disent ainsi avoir reçu des « coups de fil fantômes », selon le Pew Research Center's Internet American Life Project.

Si les smartphones facilitent notre vie à bien des égards, ils se révèlent aussi un outil envahissant. Ils permettent surtout de pointer un paradoxe. Si les nouvelles technologies nous font gagner du temps, d'où vient alors ce sentiment d'en manquer ? Le sociologue et philosophe allemand Hartmut Rosa[2] a planché sur la vitesse, phénomène clé de nos sociétés postmodernes[3]. Sa conclusion : ce sentiment vient du fait que les sollicitations augmentent et se renouvellent à un rythme effréné (toujours plus d'offres de divertissement, de sources d'information). N'y aurait-il d'autre alternative que de « courir ou mourir » ? Le penseur met en garde contre les dangers d'une décélération[4] : « Dans la roue du hamster, nul ne peut ralentir ». Ce qui ne l'empêche pas d'encourager les résistances au niveau individuel pour éviter des sorties de route fatales.

Quand lenteur rime avec performance

On commencera donc par couper son téléphone à certains moments de la journée, pour calmer le jeu… mais aussi accroître

---

1. Septupler : être multipliée par sept.
2. Voir doc. 21.
3. Postmodernes : ultra-contemporaines.
7. Décélération : ralentissement.

ses performances. C'est ce que Leslie Perlow, professeure de leadership[1] à la Harvard Business School, explique dans un livre. L'auteure est à l'origine d'une expérience menée au sein du Boston Consulting Group (BCG), à laquelle ont participé la quasi-totalité des consultants des bureaux de Boston, New York et Washington. Il a été décidé que tous seraient injoignables dès 18 heures, un soir par semaine. L'expérience a été concluante. Non seulement les cobayes ont été plus nombreux que leurs collègues des autres bureaux à se déclarer satisfaits de l'équilibre entre vie pro et vie perso (54 % contre 38 %), mais ils ont aussi jugé leur travail de meilleure qualité (65 % contre 42 %). D'une manière plus globale, les participants étaient plus nombreux à envisager de rester dans l'entreprise à long terme (58 % contre 40 %). Quant aux clients du cabinet, loin de se plaindre de l'expérience, ils ont été enthousiasmés par ses retombées positives.

Interdiction de lire ses e-mails le soir

Dans le sillon du BCG, deux entreprises allemandes ont pris des mesures similaires. Henkel a décrété fin 2011 une trêve des mails entre Noël et le jour de l'An, tandis que Volkswagen signait un accord pour bloquer l'accès aux smartphones professionnels à partir de 18 heures. En résumé, face à la difficulté des utilisateurs à déconnecter, ce sont finalement les entreprises qui ont pris les devants. Rares sont celles qui ont cependant admis les vertus[2] de la lenteur. Car cette stratégie du « lent » repose sur une idée qui va à contre-courant de notre manière habituelle de travailler : le principe est de perdre du temps pour en gagner. La lenteur n'est donc pas l'ennemie de l'efficacité. Ainsi, une sieste de vingt minutes peut faire gagner 20 % de productivité.

Mais piquer un roupillon[3] sur son lieu de travail n'est pas encore très bien vu. « Les dirigeants commencent quand même à percevoir

1. **Leadership :** branche du management s'intéressant à la manière de diriger une entreprise.

2. **Vertus :** avantages, bienfaits.

3. **Piquer un roupillon :** faire une petite sieste.

les bénéfices de ces temps de pause, expliquent Arabelle Laurans et Marion Périn, consultantes chez HR Valley, société de conseil en ressources humaines. Ils ont compris, par exemple, que les conversations devant la machine à café aident les collaborateurs à se connaître et à mieux communiquer, donc à gagner du temps lorsqu'ils travaillent ensemble. La pause constitue aussi un temps pour penser autrement et sortir du mode automatique, où l'on fait la même chose, de plus en plus vite. » En effet, pendant ces moments où on lève le pied, on laisse au repos le cerveau gauche – celui de la rationalité et de la logique – pour stimuler le cerveau droit, celui de l'intuition et de la créativité.

« Tout va vite trop vite ! Et si on ralentissait ? »,

3 questions pour vous guider...

1. Où est né le « slow food » (l. 22) ? Pour quelles raisons ?
2. Quelle est l'expérience menée par Leslie Perlow ? Quel en est le but ?
3. Pourquoi faire une sieste sur son lieu de travail peut-il être un atout ?

DOC **32**

Frédérique Doyon
Éloge de la lenteur

Dans son article pour le quotidien québécois Le Devoir, *la journaliste Frédérique Doyon revient sur une mode récente à l'ampleur spectaculaire : le « Slow ». Né en réaction contre une société de l'urgence et de la performance, ce mouvement privilégie la lenteur dans tous les aspects de la vie. Par son ampleur sociétale, il témoigne du désir de plus en plus répandu de transformer l'ordre des choses : la lenteur doit détrôner la vitesse.*

[Le mouvement Slow]

Faire plus, toujours plus vite, tel est le credo[1] *du monde industrialisé contemporain. Mais plus pour très longtemps si l'on en croit Carl Honoré, qui a repéré en différents points du monde des groupes prônant la lenteur dans tous les aspects de la vie : le travail, les loisirs, l'alimentation et même le sexe...*

« Rien ne sert de courir ; il faut partir à point », lance la tortue au lièvre dans la célèbre fable de La Fontaine. Ce pourrait être le slogan du Slow Movement. Le Mouvement pour la lenteur s'implante, lentement mais sûrement, dans les pays du Nord, tout autour de la planète. L'auteur britanno-canadien Carl Honoré en retrace les sources multiples dans *In Praise of Slow: How a Worldwide Movement Is Challenging the Cult of Speed*, paru en mai dernier chez Knopf Canada. Et il recommande à chacun de prendre son temps...

« On vit de plus en plus vite depuis 200 ans, déclare-t-il en entrevue au Devoir. Des gens partout dans le monde se réveillent : la culture de la vitesse, de l'empressement et du "je suis trop occupé" est mauvaise. On le sent jusque dans nos os qu'on n'est pas heureux de vivre ainsi, que quelque chose ne tourne pas rond. Je crois qu'on s'approche d'un point tournant – si on ne l'a pas déjà atteint. »

Des preuves ? Le niveau de stress qui se répercute sur la santé, avec le nombre grandissant de dépressions et de cancers. La logique efficace du capitalisme commence sérieusement à tourner à vide quand l'obsession d'arriver bon premier l'emporte sur la qualité – des produits qu'on fabrique et de la vie qu'on mène. « La consommation de drogues (amphétamines) pendant le travail a grimpé de 70 % aux États-Unis depuis 1998 », peut-on lire dans l'ouvrage qui tantôt aligne des chiffres, tantôt s'attarde à des récits plus anecdotiques – une première séance de méditation, la

1. **Credo :** loi.

rencontre avec le fondateur du mouvement Slow Food (opposé au fast food).

Plus qu'un phénomène de mode passagère selon M. Honoré, le Slow Movement incarne un puissant courant social, qui ne se limite pas à une seule tranche de la population. « Toutes sortes de personnes en parlent – les bouchers autant que les banquiers. C'est un mouvement très organique[1], comme tous les mouvements prometteurs des dernières décennies. Je crois que le Slow Movement est rendu au même point que le féminisme il y a 35 ou 40 ans. » Ce courant prend de nombreuses formes qu'une même philosophie sous-tend toutefois : faire vite n'est pas toujours mieux. Slow is better. Slow is beautiful. Tellement que le terme slow s'est répandu hors de l'anglophonie...

Prenant soin de les ancrer dans l'histoire de l'industrialisation, l'auteur signale l'existence de plusieurs courants, tel le Long New Foundation sur la côte ouest américaine, qui compte beaucoup de travailleurs des nouvelles technologies, les Downshifters sur la côte est, qui ralliait déjà 12 millions d'adeptes en 2002, la Society for Decelaration of Time en Autriche, le Sloth Club au Japon. Tous prônent un mode de vie plus lent et respectueux de l'environnement.

Mais c'est en Italie que le mouvement s'est le plus unifié. Le Slow Food, qui privilégie une nourriture saine, consommée tranquillement et produite localement, y est né. Dans son sillage sont apparus le Slow Sex, enraciné dans le tantrisme[2], technique qui fait durer le désir et le plaisir, et les Citta Slow (villes lentes). En 1999, Bra[3] et trois autres petites cités se sont engagées à devenir des refuges contre la frénésie du monde moderne. Elles sont maintenant une trentaine à respecter les 55 préceptes[4] d'un manifeste[5] invitant à ralentir la cadence : multiplier les zones piétonnes et les espaces verts, réduire le bruit, soutenir les fermiers et marchands locaux... Au-delà de ces applications pratiques, « c'est

---

1. Organique : ayant un rapport étroit au corps.
2. Tantrisme : doctrine religieuse répandue en Inde prônant la recherche de l'union divine dans la fusion de ces contraires.
3. Bra : ville italienne où est né le mouvement Slow Food.
4. Préceptes : règles.
5. Manifeste : profession de foi.

une déclaration philosophique indiquant que, dans cette ville, on comprend que c'est mieux de prendre son temps », souligne l'auteur.

Une myriade[1] de tendances abordées dans ce livre vont déjà dans ce sens. Le yoga et la méditation attirent un nombre grandissant d'adeptes de ce côté-ci du monde. Les médecines alternatives sont de plus en plus reconnues par les collèges de médecins. Le mouvement altermondialiste[2] s'en prend à la surproduction efficace et rentable au détriment de la qualité des produits et des échanges commerciaux. Le cocooning[3] n'incarne-t-il pas le désir de se couper de l'urbanité trépidante[4] ?

Pour Carl Honoré, il s'agit là de symptômes d'un courant plus généralisé qui finira par les englober tous. À l'instar des sympathisants du mouvement, l'auteur ne prétend surtout pas que ralentir est toujours la solution. « La philosophie slow peut se résumer à un seul mot : l'équilibre, lit-on dans ce nouvel éloge de la lenteur. Soyez rapides si le bon sens le commande et lents quand la lenteur est requise. » Car la vitesse a aussi ses charmes et son utilité. Qui reviendrait à l'Internet basse vitesse ? « C'est amusant et excitant d'aller vite. Mais on s'est tellement emballés qu'on est restés pris sur le mode accéléré. » Le nouveau slogan de Nike ? « You're faster than you think »...

Carl Honoré déplore que le modèle de vie actuel (dans les pays industrialisés, du moins) repose quasi uniquement sur des principes d'efficacité et de rapidité. Sortis de l'univers du travail, ils se répercutent maintenant dans les gestes quotidiens : manger, conduire, faire l'amour, divertir les enfants, même dormir. L'auteur lui-même s'est lancé dans l'écriture de son livre parce qu'il s'est rendu compte qu'il faisait la lecture rapide à ses enfants avant le coucher. Et que dire du journaliste en quête de scoops et pressé par son heure de tombée[5] ?

---

1. **Myriade :** très grand nombre.
2. **Mouvement altermondialiste :** mouvement qui défend une économie plus sociale et mieux répartie.
3. **Cocooning :** tendance à vouloir rester chez soi, dans un confort douillet.
4. **Trépidante :** agitée.
5. **Son heure de tombée :** l'heure de parution de son article.

« Il y a un préjugé culturel profond contre la lenteur qui est associée à la paresse, à quelque chose d'ennuyant et de mauvais. » Un coup d'œil au dictionnaire virtuel le confirme. Les synonymes de lenteur : idiotie, imbécillité, abrutissement, illogisme, inintelligence. « On a presque honte d'être lent. Il y a une fierté un peu machiste à paraître occupé et pressé. » En bout de course, cette tendance cache souvent un mal de vivre plus fondamental. « Il y a un mécanisme de déni[1] dans la rapidité, note le journaliste. On nage à la surface de sa vie au lieu de la vivre réellement. La vie manque de sens ? Alors on va plus vite pour s'écarter de cette quête de sens. C'est un cercle vicieux. »

Bref, le monde est prêt pour une petite révolution de la lenteur. Elle pourrait même passer par une loi, selon l'auteur, interdisant d'abuser des ressources humaines. Après tout, l'économie n'a pas tant pâti[2] de la diminution du nombre d'heures de travail au XIXe siècle, ni des récentes réglementations pro-environnementales.

Né en Écosse, l'auteur a grandi au Canada avant de retourner étudier et vivre en Angleterre. Il écrit toujours pour des quotidiens canadiens (*Globe and Mail*, *National Post*). Depuis sa parution en mai, le bouquin connaît un vif succès et d'autres courants similaires aux Citta Slow se manifestent. *In Praise of Slow* est déjà traduit en allemand, en néerlandais, en japonais, en chinois, en espagnol et publié aux États-Unis, au Canada, en Grande-Bretagne et en Italie. Un éditeur français s'est montré intéressé à publier le livre dans la langue de Molière, mais rien n'est encore signé. D'ici là, « gardez un œil sur votre odomètre[3] personnel... », lance l'auteur à la veille de vacances bien méritées.

« Éloge de la lenteur », ledevoir.com, 22/07/2004 ■

1. Déni : refus.
2. Pâti : souffert.
3. Odomètre : appareil qui mesure la distance parcourue à pied.

3 questions pour vous guider…

1. Relevez le passage où Carl Honoré évoque la « culture de la vitesse ». À quel propos le fait-il ?
2. Relisez les lignes 84 à 92 : quel est le modèle de vie actuel, selon Carl Honoré ?
3. De quels préjugés la lenteur souffre-t-elle ?

DOC **33**

David Lynch
Une histoire vraie

Dans Une histoire vraie, *le cinéaste américain David Lynch (né en 1946) raconte l'histoire d'Alvin Straight, un homme de 73 ans qui mène une vie calme et modeste auprès de sa fille, dans une petite ville des États-Unis. Mais un soir d'orage, le téléphone sonne : son frère Lyle, qu'il n'a pas revu depuis dix ans suite à une dispute, vient d'être victime d'une attaque. L'annonce agit comme un électrochoc pour Alvin ; il décide de se rendre auprès de son frère qui habite dans le Wisconsin, à près de 400 km de chez lui. N'ayant pas le permis, Alvin use du seul moyen de locomotion à sa disposition : sa tondeuse à gazon. L'un des voyages les plus lents et les plus riches émotionnellement de l'histoire du cinéma peut alors débuter* CAHIER PHOTOS • p. V.

[Prendre son temps]

3 questions pour vous guider…

1. Quelles sont les différentes composantes de l'affiche ?
2. Pourquoi Alvin est-il photographié à contre-jour ?
3. Observez attentivement les caractères du titre du film : comment interprétez-vous ce choix typographique ?

B Faire de l'immobilité une force

Et si ralentir ne suffisait pas pour échapper à la tyrannie de la vitesse ? Dans une société où l'accélération ne cesse de se poursuivre, la réaction appropriée n'est-elle pas plutôt de **s'immobiliser** ? Si, comme on a pu l'évoquer, l'immobilisme n'est pas souhaitable lorsqu'il s'apparente à la paralysie ou à un ennui propice au désespoir, il se révèle aussi être une **force** primordiale. Le moment de pause ou le temps mort offrent la possibilité d'ancrer nos gestes et nos paroles dans une **durée épanouissante** ; nous vivons alors pleinement l'instant présent en même temps que nous reprenons conscience de nous-mêmes. Comme le suggère le personnage de cinéma Alexandre le bienheureux, qui reste étendu sur son lit toute la journée, s'arrêter un moment permet de se recentrer sur nos **réels besoins** et ce qui nous est essentiel.

Nos **perceptions** et notre **présence au monde** ne sont-elles pas plus vives lorsque l'on se pose ? En ce qui concerne la pensée, elle semble devoir, pour se déployer, nécessiter un temps d'arrêt. L'immobilité nous rappelle que la vitesse s'est imposée au détriment du **temps de la réflexion**. Dans les arts visuels (peinture, cinéma, photographie, sculpture) et vivants (théâtre, danse), on se rend compte du rôle essentiel de l'immobilité lorsque l'on se place du point de vue du spectateur. C'est aussi le cas pour des activités comme la lecture, la méditation, la rêverie ou même l'imagination. Qu'elle relève d'un **acte de résistance** ou de la simple **envie de faire halte**, l'immobilité témoigne de notre **capacité à agir** au sein même de la mobilité moderne. S'immobiliser, c'est ainsi une manière d'**affirmer notre existence** dans un monde en constant mouvement.

DOC **34**

PAUL VIRILIO

L'Inertie polaire

Dans L'Inertie polaire, *le philosophe Paul Virilio (1932-2018) réfléchit au principe d'inertie dans la société moderne. Selon lui, le culte de la vitesse, nourri par des siècles de progrès technoscientifiques, a abouti paradoxalement à faire de l'inertie – l'absence de mobilité – le principe premier de l'activité humaine. Avec l'informatique et les nouveaux réseaux de transmissions, l'individu se trouve au cœur d'une tension : le monde dans lequel il vit se rétrécit en même que la vitesse des flux ne cesse de croître. La vitesse a colonisé jusqu'à notre façon d'agir dans l'espace physique.*

[Cultiver l'inertie]

On peut voir, à Tokyo, une nouvelle piscine dotée d'un bassin de fort courant où les nageurs font du *surplace*... Un plan d'eau animé, empêchant celui qui l'emprunte d'avancer, exige du baigneur une puissance de déplacement pour demeurer... À la manière d'un home-trainer[1] ou d'un tapis roulant que l'on utilise à contre-courant, la dynamique des fluides du bassin nippon[2] n'a d'autre fonction que d'amener les nageurs de compétition à combattre cette énergie qui traverse l'espace à leur rencontre, cette énergie, qui succède aux dimensions du bassin olympique, comme les rouleaux du home-trainer remplacent le stade vélodrome[3]...

Ainsi, celui qui s'exerce ici devient-il moins un mobile qu'une île, un pôle d'*inertie*[4]. Comme en scène, tout se concentre sur-place, tout se joue dans l'instant privilégié d'un acte, instant démesuré qui supplée[5] à l'entendue et aux longues durées. Plus de terrain de golf, mais une « vidéo performance », plus de circuit routier, mais un simulateur de course : *l'espace ne s'étend plus, le moment d'inertie succède au déplacement continu.*

---

1. Home-trainer : vélo d'appartement.
2. Nippon : japonais.
3. Stade vélodrome : stade aménagé pour les coureurs cyclistes.
4. *Inertie* : immobilité, inaction.
5. Supplée : compense.

On observe d'ailleurs une tendance analogue dans la mise en scène muséographique[1]. Trop distants, les plus vastes ensembles d'exposition sont devenus depuis peu des *réduits temporels* inversement proportionnels à leur dimension générale : *deux fois plus d'espace à parcourir, deux fois moins de temps à passer*. L'accélération de la visite se mesure à l'ampleur des cimaises[2], trop d'espace, pas assez de temps, le musée baigne dans d'inutiles étendues que ne parviennent plus à meubler les œuvres. Probablement, parce que ces dernières tentent encore de s'étaler, de se répandre dans l'espace de ces lointaines superficies désormais privées d'attrait, à l'instar des grandes perspectives de l'âge classique.

Bâtis à la mémoire d'œuvres considérables longuement considérées par les visiteurs attentifs du passé, nos monuments sont actuellement dépassés par l'excessif empressement du spectateur, cet « amateur », qu'il faudrait pourtant retenir, fixer plus d'un instant, et qui fuit, d'autant plus vite que l'ampleur des volumes proposés est imposante.

Monument d'un moment où l'œuvre s'éclipse[3], plus qu'elle ne s'expose, le musée contemporain tente vainement d'assembler, de rassembler sous le regard ces ouvrages, ces travaux qui se tiennent d'ordinaire à l'écart, dans l'atelier, le chantier, laboratoires d'une perception approfondie qui n'est jamais celle du passant, ce « visiteur-passager » distrait par la tension qui l'anime.

L'Inertie polaire, 1990 ■

3 questions pour vous guider...

1. Quelle est la particularité de la piscine que Paul Virilio présente (lignes 1 à 10) ?
2. Qu'est-ce qu'un « pôle d'*inertie* » (l. 12) ? Quels exemples Virilio prend-il pour illustrer la définition ?
3. Que reproche Paul Virilio au « visiteur-passager » (l. 39-40) des musées ?

---

1. Mise en scène muséographique : disposition des tableaux dans un musée.

2. Cimaises : places de choix dans une exposition.

3. S'éclipse : disparaît.

DOC **35**

A.Richard Allen
Slow!

Illustrateur pour de grands quotidiens internationaux, A.Richard Allen se distingue par ses dessins humoristiques singuliers. Nombre d'entre eux interrogent les obsessions de la société contemporaine, dont la quête frénétique de vitesse comme c'est ici le cas. Dans cette illustration de 2009, A.Richard Allen réinterprète la fable de La Fontaine «Le Lièvre et la Tortue» DOC 28 • p. 122 *en montrant une tortue apaisée et décidée à ne pas tenir compte des lièvres qui s'agitent en tous sens autour d'elle* CAHIER PHOTOS • p. VI.

[S'immobiliser, un acte nécessaire]

3 questions pour vous guider...

1. Décrivez les différentes composantes de l'image.
2. Quelle est l'attitude des lièvres qui entourent la tortue?
3. Qu'est-ce qui distingue la représentation de la tortue de celle des lièvres?

DOC **36**

Jérôme Lèbre
Éloge de l'immobilité

Dans son essai Éloge de l'immobilité, le philosophe Jérôme Lèbre (né en 1967) redonne tout son sens politique, social et éthique à l'immobilité. Contrairement à l'immobilisme qui serait une immobilisation contrainte, l'immobilité est, selon lui, une force. Parce que la vie est mouvement, c'est lorsqu'elle s'immobilise qu'elle fait vraiment sens. Toutes les formes possibles de l'immobilité, quand elle relève d'un choix, présentent des vertus. Ainsi l'arrêt, loin d'être un signe de paresse, permet de réhabiliter le temps de la réflexion.

[Les vertus de l'immobilité]

Penser, mais à l'arrêt. S'arrêter pour penser. Se concentrer en soi et reposer en soi au point de s'absenter. Arrêter sa pensée sur ce qui se présente à elle, se concentrer sur un point, l'examiner, s'identifier à lui. Ou encore : arrêter de penser, arriver à ne penser à rien, abandonner toute présence (de ce qui pense, de qui pense). À peine avons-nous commencé que la pensée éclate en une multiplicité d'arrêts, en autant de stations[1].

Il faut qu'à chaque fois la pensée repose ce qu'elle pense. C'est en s'arrêtant sur une pensée qu'une pensée s'institue[2], et cette pensée arrêtée acquiert par là même un *statut*. Nous préférons dire une station, car chaque position de la pensée est indissociable d'une position du corps, d'une attitude. De même que le mouvement se prouve en marchant, l'immobilité se prouve en se tenant immobile. C'est ainsi que le corps maintenu à l'arrêt est pensé, pensif sinon pensant.

Le yogin[3], dans la position du lotus, se concentre sur Vishnu[4] dans la position du lotus. Le bouddhiste se tient devant Bouddha. Dans le temple de Sanjusangen-Do à Kyoto, il peut méditer devant les 1001 statues identiques de la déesse Kannon[5] ; dans celui de Sha Tin à Hong Kong, devant l'une des 12800 statues toutes différentes, chacune figurant un personnage singulier à l'attitude singulière incarnant Bouddha. Entre ces figures répétées ou indéfiniment variées, se trouve un écart où il n'y a rien – donc encore Bouddha, non-être dont proviennent tous les êtres. Devant les tableaux votifs[6] chrétiens, le spectateur, qu'il prie à genoux ou non, voit les donateurs de l'œuvre priant à genoux ; la *Trinité* de Masaccio[7] les montre en contemplation devant Marie et saint

---

1. **Stations :** pauses.
2. **S'institue :** s'élabore.
3. **Yogin :** celui ou celle qui pratique le yoga.
4. **Vishnu :** dans la religion hindouiste, dieu de la stabilité du monde.
5. **Kannon :** dans la religion bouddhiste, déesse de la compassion.
6. **Tableaux votifs :** tableaux offerts pour célébrer l'accomplissement d'un vœu.
7. **Masaccio :** peintre italien (1401-1428), précurseur de la Renaissance.

Jean, eux-mêmes arrêtés devant le Christ, crucifié et soutenu par Dieu ; même la colombe du Saint-Esprit est posée, et le mystère de la Trinité[1] se tient dans la diversité de ces postures. Les portraits de penseurs sont des variations sur des postures immobiles : assis ou appuyés sur un bâton.

Les stations sont en nombre indéfini, elles sont irréductibles les unes aux autres. L'immobile, ce n'est pas tout, ce n'est pas l'être, ni l'un, ni un dieu (unique ou non), ce n'est pas rien non plus, c'est ce qui se maintient dans toutes ces figures irréductibles, posées dans et par chaque station, en même temps que la pensée et le corps se posent. Autrement dit : l'immobilité ne vient jamais seule. Ce n'est même pas un principe, mais plutôt un « surnom », comme le dit Montesquieu[2]. C'est pourquoi elle guette tout commencement, le hante, s'impose à lui, le retient, quitte à l'empêcher d'avancer, de continuer, de se mouvoir.

Éloge de l'immobilité, 2018 ■

3 questions pour vous guider...

1. Quel est l'intérêt majeur, selon Jérôme Lèbre, de « s'arrêter pour penser » (l. 1) ?
2. Quel est le point commun entre le yogin, les tableaux votifs et les penseurs (l. 16 à 32) ?
3. « L'immobilité ne vient jamais seule » (l. 38) : expliquez cette affirmation.

1. Trinité : dans le christianisme, essence divine formée par le Père, le Fils et le Saint-Esprit.

2. Montesquieu : philosophe français (1689-1755) du siècle des Lumières.

DOC **37**

YVES ROBERT
Alexandre le bienheureux

Dans Alexandre le bienheureux, *le cinéaste Yves Robert (1920-2002) présente l'histoire d'Alexandre, un cultivateur jovial mais contrarié par la liste démesurée de tâches que, chaque jour, sa femme lui impose à la ferme. Un jour pourtant, son épouse, qu'Alexandre surnomme « la Grande », vient à mourir. Loin d'être affecté, le nouveau veuf se sent au contraire délivré. Débute alors pour lui une nouvelle existence : il décide de se reposer, jour et nuit, dans son lit. Le petit village de la Beauce, où il habite, est tout d'abord bouleversé par ce nouveau mode de vie, avant de commencer à l'adopter à son tour…* CAHIER PHOTOS • p. VII

[L'immobilité ou un nouveau bonheur]

3 questions pour vous guider…

1. Décrivez les différentes composantes de l'image.
2. Comment la pièce où Alexandre a choisi de vivre est-elle aménagée ?
3. Quelle est l'activité pratiquée ici par Alexandre ? Pour quelle raison, selon vous ?

DOC **38**

IVAN GONTCHAROV
Oblomov

Le romancier russe Ivan Gontcharov (1812-1891) raconte dans Oblomov *l'histoire d'Ilia Ilitch Oblomov, farouche partisan de la position allongée en toute circonstance. Ce riche propriétaire terrien de Saint-Pétersbourg refuse en effet avec force toute forme de travail ou de divertissement. À l'étonnement de tous, il préfère ainsi rester toute la journée à dormir au fond de son lit ou paresser dans son divan, comme le montre cet extrait situé au début du récit.*

[Rester couché, un acte de résistance]

La robe de chambre avait, aux yeux d'Oblomov, des vertus[1] inestimables : elle est douce, flottante, on n'y sent plus son corps ; telle une esclave docile[2], elle se prête à tous les mouvements...

Chez lui, Oblomov ne portait jamais ni cravate ni gilet, car il aimait la liberté et l'espace. Ses pantoufles étaient longues, moelleuses et larges ; lorsqu'il sortait de son lit, ses pieds, sans même qu'il les regardât, s'y glissaient tout seuls...

La position allongée n'était pas pour Oblomov un besoin, comme elle l'est pour un malade ou quelqu'un qui a sommeil. Ce n'était pas un hasard, comme pour un homme fatigué ; pas non plus une volupté[3], comme elle peut l'être pour un paresseux : c'était l'état normal. Quand il se trouvait à la maison – et il s'y trouvait presque toujours – il restait couché, et toujours dans cette chambre où nous l'avons découvert, et qui lui servait de chambre à coucher, de cabinet de travail et de salle de réception. Il avait encore trois autres pièces mais il s'y aventurait rarement, sinon les matins où le valet balayait son cabinet, ce qui, du reste, n'arrivait pas tous les jours. Dans ces pièces, les meubles étaient couverts de housses, et les stores baissés.

La chambre où restait étendu Ilia Ilitch semblait, au premier regard, merveilleusement meublée : on y voyait un bureau d'acajou[4], deux divans tendus de soie, de jolis paravents ornés d'oiseaux et de fruits tout à fait inconnus dans la nature. Et aussi des tentures de soie, des tapis, des tableaux, des bronzes, des porcelaines, et nombre de charmants bibelots[5].

Mais l'œil exercé d'un homme de goût y aurait décelé[6] au terme d'un bref inventaire, l'unique désir de conserver tant bien que mal un décorum[7] exigé par les convenances. Oblomov ne s'était pas soucié d'autre chose. Un goût plus raffiné, plus sûr, ne se serait

1. **Vertus :** qualités.
2. **Docile :** obéissante.
3. **Volupté :** plaisir.
4. **Acajou :** bois précieux.
5. **Bibelots :** petits objets décoratifs.
6. **Décelé :** perçu.
7. **Décorum :** cérémonial.

pas contenté de ces chaises en acajou, lourdes et disgracieuses, ni de ces étagères branlantes. Le dossier d'un divan s'était affaissé, le bois plaqué se soulevait par endroits.

Et les tableaux, les vases, les bibelots de toute sorte présentaient les mêmes caractères.

D'ailleurs, le maître de céans[1] lui-même regardait son cabinet d'un œil si indifférent et distrait qu'il semblait se demander : Qui donc est venu traîner par ici et y fourrer tout ça ? Mais la froideur d'Oblomov envers son logis paraissait devoir être dépassée par celle de Zakhar, son valet ; aux yeux, en tout cas, de quiconque examinait ce cabinet, lieu particulièrement négligé, voire abandonné.

Oblomov, traduction d'Arthur Adamov, 2007 © Éditions Gallimard ■

3 questions pour vous guider...

1. Quelles sont les trois qualités majeures de la robe de chambre d'Oblomov ?
2. Comment Gontcharov explique-t-il qu'Oblomov reste allongé toute la journée ?
3. Qu'est-ce qui choquerait « l'œil exercé d'un homme de goût » (l. 26) dans la chambre d'Oblomov ? Pourquoi ?

C Inventer des rythmes différents

Alors que la lenteur est depuis quelque temps l'objet d'un nombre important d'éloges, il est souvent reproché à la vitesse ses excès. Mais le clivage entre la vitesse et la lenteur ne nécessite-t-il pas d'être dépassé, si l'on veut inventer des rythmes de vie différents ? Au lieu de les opposer, certains les allient pour trouver de **nouvelles combinaisons rythmiques** qui répondent mieux à leurs besoins personnels dans la société. Ainsi, selon les circonstances, l'une sera privilégiée sans pour autant exclure l'autre. Car ne prendre en compte que la vitesse ou ne se concentrer que sur la lenteur risquent de mener à une impasse dans nos sociétés modernes. Il s'agit donc, plutôt que d'en négliger une à la faveur de l'autre, de les prendre toutes deux en considération.

Pour s'épanouir à leur rythme, loin du tempo moderne, certains décident de **se mettre au diapason du rythme de la nature**. Se caler sur le rythme des cycles naturels est en même temps l'occasion de s'émerveiller devant la beauté de la nature. **Trouver son rythme** peut aussi se faire hors des sentiers battus, en empruntant des chemins qui ne sont plus parcourus ou ne l'ont jamais été. Grâce aux raccourcis et aux détours, une nouvelle cartographie qui nous est propre s'élabore. À présent délivrés des impératifs modernes qui nous enjoignent de suivre le rythme frénétique de la société, de nouvelles perspectives de réjouissance apparaissent : dans un monde qui va à toute vitesse, ces nouveaux rythmes de vie autorisent de **nouvelles façons d'être au monde** et permettent dans le même temps d'éprouver pleinement la **sensation de vivre**.

DOC **39**

S. Godillon, G. Lesteven, S. Mallet
Réflexions autour de la lenteur

Dans cet article de la revue Carnets de géographes, *Sylvanie Godillon, Gaële Lesteven et Sandra Mallet reviennent sur plusieurs publications récentes qui se sont interrogées sur les rapports entre vitesse et lenteur dans les villes et plus largement dans la société. Au lieu de préconiser l'une aux dépens de l'autre, les auteures montrent que la vitesse et la lenteur ne s'opposent pas systématiquement, mais plutôt se conjuguent pour former des rythmes différents selon les lieux et les circonstances.*

[Conjuguer vitesse et lenteur selon les circonstances]

Maîtriser des rythmes différents

Si la valorisation de la lenteur s'est construite en opposition à l'accélération, elle n'en est pas seulement l'opposé. La lenteur est une vitesse dont il convient de tenir compte, au même titre que la rapidité. Cette tendance à l'articulation des vitesses s'inscrit dans le contexte scientifique actuel, comme le rappelle le compte-rendu du colloque sur « L'homme pressé ». Il s'agit de comprendre comment ces deux rythmes, traditionnellement opposés, peuvent être articulés et maîtrisés au sein de la société. Dans un contexte de métropolisation[1] et de désynchronisation des temps collectifs, les individus cherchent moins le ralentissement que la maîtrise de leurs rythmes personnels. La quête de contrôle de son propre temps ressort des enquêtes menées par Jean Grosbellet auprès d'habitants de l'agglomération bordelaise. Les individus élaborent des stratégies en accélérant parfois, pour mieux ralentir ensuite. L'auteur illustre la manière dont le développement des technologies, en particulier le *smartphone*, devient un dispositif d'aide à cette régulation temporelle personnelle. Le texte pointe que le ralentissement est vécu de façon très différente selon qu'il est subi ou choisi. L'article de Pamela Quiroga montre, quant à lui, que la lenteur devient subie par les personnes âgées de Recife lorsqu'elles n'ont pas un réseau familial sur lequel s'appuyer.

La lenteur choisie témoigne d'une volonté de maîtrise de la société sur l'espace et la vie quotidienne : les mouvements *slow* prônent une réappropriation des modes de vie qui passent par leur ralentissement. Mais ils ne renoncent pas à la rapidité, bien au contraire. Les enquêtes réalisées par Mireille Diestchy auprès d'acteurs français de ces mouvements permettent de comprendre combien le *slow* regroupe un ensemble de valeurs paradoxales et ce, à tel point que la notion même de « lenteur » se trouve dévalorisée par les acteurs locaux de ces mouvements qui privilégient la

1. **Métropolisation :** concentration de la population en grandes agglomérations.

recherche de la maîtrise des rythmes personnels. On retrouve cette combinaison de rythmes différents au sein d'un même espace dans la photographie de Pascal Clerc, *Au bord de la ville*, représentant une femme immobile au bord d'une route à trafic automobile rapide.

Articuler échelle locale et échelle globale

Les contributions[1] de ce numéro mettent en évidence que l'articulation entre ces échelles est plus complexe qu'il n'y paraît et n'est pas sans provoquer de tension. Si l'échelle locale est d'abord perçue comme une source de justice environnementale et sociale face à une échelle globale standardisée, l'article de Mireille Diestchy pointe l'existence d'une tension : le local peut aussi refléter l'isolement et le conservatisme, tandis que le global peut être appréhendé comme ouverture et découverte. Ce qui est valorisé est moins la proximité spatiale que la proximité relationnelle qui se matérialise par des inscriptions dans des chaînes d'interdépendance. Ces réseaux dépassent ainsi la proximité spatiale et inscrivent les acteurs au sein d'un réseau d'interconnaissances[2] qui s'inscrit à une échelle globale. Cette tension entre échelles se retrouve dans le texte de Sophie Buhnik. Elle note une certaine standardisation des grands projets urbains qui instrumentalisent la rhétorique[3] du *slow* de la part des maîtres d'ouvrage dans un but de gentrification[4]. Pourtant, ces processus d'embourgeoisement qui caractérisent les centres rénovés des métropoles occidentales ne se retrouvent pas au Japon. Ce sont les classes moyennes qui reviennent habiter au centre parce qu'il leur est de nouveau accessible. Dans sa photographie, Helin Karaman choisit de juxtaposer l'image d'une voiture d'un chiffonnier à celle des autocars de touristes, illustrant la tension entre l'horizon lointain des touristes venus découvrir Istanbul et l'ancrage local du chiffonnier qui arpente la ville à pied.

« Réflexion autour de la lenteur », *Carnets de géographes*, n° 8, 2015 ■

---

1. **Contributions :** articles.
2. **Réseau d'interconnaissances :** réseau de différentes personnes qui se connaissent.
3. **Rhétorique :** discours très structuré.
4. **Gentrification :** embourgeoisement d'un quartier auparavant populaire.

3 questions pour vous guider...

1. Expliquez la phrase suivante : « la lenteur est une vitesse dont il convient de tenir compte » (l. 3-4).
2. Dans l'enquête menée par Jean Grosbellet, quelle est la stratégie des habitants de Bordeaux pour maîtriser leur temps ?
3. Que choisit de montrer Helin Karaman dans sa photographie ? Quelle tension cette photographie illustre-t-elle ?

DOC **40**

Éric Bouloumié
Personne pratiquant du yoga dans un jardin public de Bordeaux

Pratique antique née en Inde, le yoga a peu à peu conquis le monde pour devenir l'une des pratiques de relaxation les plus connues. Signifiant littéralement « mise au repos », le yoga permet de se libérer de toutes les préoccupations quotidiennes afin de trouver, au moyen d'une posture physique particulière, la sérénité. De plus en plus, des citadins stressés par une vie urbaine oppressante se tournent vers la méditation pour retrouver une paix intérieure CAHIER PHOTOS • p. VIII.

[**Suivre son rythme**]

3 questions pour vous guider...

1. Décrivez les différentes composantes de l'image.
2. Selon vous, pourquoi le yogi a-t-il choisi ce lieu en particulier pour méditer ?
3. Selon vous, cette photo illustre-t-elle une attitude courante dans notre société ?

DOC **41**

Sylvain Tesson

Sur les chemins noirs

Sylvain Tesson (né en 1972) raconte dans Sur les chemins noirs *la traversée à pied de la France qu'il a effectuée entre août et novembre 2015. Parcourir la France rurale sur les chemins noirs, ces petits sentiers qui sillonnent la campagne, est le moyen pour lui de se reconstruire physiquement après un accident de chute de toit. C'est aussi l'occasion d'échapper à l'agitation de la ville, de jouir du silence et de redécouvrir à son rythme une campagne sauvage et fascinante.*

[Trouver des chemins de traverse]

Un rêve m'obsédait. J'imaginais la naissance d'un mouvement baptisé *confrérie*[1] *des chemins noirs*. Non contents de tracer un réseau de traverse[2], les chemins noirs pouvaient aussi définir les cheminements mentaux que nous emprunterions pour nous soustraire à l'époque. Dessinés sur la carte et serpentant au sol ils se prolongeraient ainsi en nous-mêmes, composeraient une cartographie mentale de l'esquive[3]. Il ne s'agirait pas de mépriser le monde, ni de manifester l'outrecuidance[4] de le changer. Non ! Il suffirait de ne rien avoir de commun avec lui. L'évitement me paraissait le mariage de la force avec l'élégance. Orchestrer le repli me semblait une urgence. Les règles de cette dissimulation existentielle se réduisaient à de menus[5] impératifs : ne pas tressaillir aux soubresauts de l'actualité, réserver ses colères, choisir ses levées d'armes[6], ses goûts, ses écœurements, demeurer entre les murs de livres, les haies forestières, les tables d'amis, se souvenir des morts chéris, s'entourer des siens, prêter secours aux êtres dont on avait connu le visage et pas uniquement étudié l'existence statistique. En somme, se détourner. Mieux encore ! disparaître. « Dissimule

1. *Confrérie* : association.
2. Traverse : raccourci.
3. Esquive : dérobade, fuite.
4. Outrecuidance : prétention.
5. Menus : petits.
6. Levées d'armes : combats, révoltes.

ta vie », disait Épicure[1] dans l'une de ses maximes (en l'occurrence c'était peu réussi car on se souvenait de lui deux millénaires après sa mort). Il avait donné là une devise pour les chemins noirs.

Nous serions de grandes troupes sur ces contre-allées[2] car nous étions nombreux à développer une allergie aux illusions virtuelles. Les sommations[3] de l'époque nous fatiguaient : *Enjoy ! Take care ! Be safe ! Be connected !*[4] Nous étions dégoûtés du clignotement des villes. Si nous écrasions à coups de talon les écrans livides[5] de nos vies high-tech s'ouvrirait un chemin noir, une lueur de tunnel à travers le dispositif. Tout cela ne faisait pas un programme politique. C'était un carton d'invitation à ficher le camp. Vivre me semblait le synonyme de « s'échapper ». Napoléon[6] avait dit au général de Caulaincourt[7] dans le traîneau qui les ramenait à Paris après le passage de la Berezina[8] : « Il y a deux sortes d'hommes, ceux qui commandent et ceux qui obéissent. » Du temps où je m'étais passionnément intéressé à l'Empire, jusqu'à prendre mon bain coiffé d'un bicorne[9], j'avais trouvé cette phrase définitive. Aujourd'hui, tordant mes chaussettes sur un banc de vase du Var, je pensais que l'Empereur avait oublié une troisième colonne : les hommes qui fuient. « Sire ! » lui aurais-je dit si je l'avais connu, « Fuir, c'est commander ! C'est au moins commander au destin de n'avoir aucune prise sur vous. »

Sur les chemins noirs, 2016 © Éditions Gallimard ■

---

1. Épicure : philosophe grec (341 av. J.-C.-270 av. J.-C.).
2. Contre-allées : petits chemins parallèles à une grande route.
3. Sommations : ordres.
4. *Enjoy ! Take care ! Be safe ! Be connected !* : en anglais, « profite de la vie ! », « Prends soin de toi ! », « Sois prudent ! », « Reste connecté ! »
5. Livides : cadavériques.
6. Napoléon Bonaparte : empereur de France (1769-1821).
7. Général de Caulaincourt : général d'Empire (1773-1827).
8. Passage de la Berezina : victoire de l'armée napoléonienne sur l'armée russe le 29 novembre 1812.
9. Bicorne : chapeau caractéristique de l'époque napoléonienne.

3 questions pour vous guider…

1. Relevez la phrase par laquelle Sylvain Tesson définit la confrérie des chemins noirs. Quels différents types de chemins cette confrérie regroupe-t-elle ?
2. Énumérez les différents impératifs de la « dissimulation existentielle » (l. 11-12) que Tesson appelle de ses vœux dans les chemins noirs.
3. Qu'a dit Napoléon au général de Caulaincourt ? Comment Tesson imagine-t-il lui répondre ?

DOC **42**

Jean Giono

L'homme qui plantait des arbres

Dans sa nouvelle « L'homme qui plantait des arbres », le romancier Jean Giono (1895-1970) raconte l'histoire d'Elzéard Bouffier, un berger de Haute-Provence que le narrateur rencontre lors d'une randonnée. Cet homme solitaire lui confie qu'il cherche à faire revivre sa région, où plus rien ne pousse, en plantant des arbres. Dans cet extrait, le narrateur retrouve le berger après la fin de la Première Guerre mondiale. Émerveillé par la réalisation du berger, le rythme lent de la nature devient, pour le narrateur, une source d'apaisement et d'épanouissement loin de la fureur des hommes.

[Se caler sur le rythme de la nature]

L'année d'après, il y eut la guerre de 14 dans laquelle je fus engagé pendant cinq ans. Un soldat d'infanterie[1] ne pouvait guère y réfléchir à des arbres. À dire vrai, la chose même n'avait pas marqué en moi : je l'avais considérée comme un dada[2], une collection de timbres, et oubliée. Sorti de la guerre, je me trouvais à la tête d'une prime de démobilisation minuscule mais avec le grand

1. Soldat d'infanterie : soldat combattant à pied.

2. Dada : passe-temps.

désir de respirer un peu d'air pur. C'est sans idée préconçue – sauf celle-là – que je repris le chemin de ces contrées désertes.

Le pays n'avait pas changé. Toutefois, au-delà du village mort, j'aperçus dans le lointain une sorte de brouillard gris qui recouvrait les hauteurs comme un tapis. Depuis la veille, je m'étais remis à penser à ce berger planteur d'arbres. « Dix mille chênes, me disais-je, occupent vraiment un très large espace. »

J'avais vu mourir trop de monde pendant cinq ans pour ne pas imaginer facilement la mort d'Elzéard Bouffier, d'autant que, lorsqu'on en a vingt, on considère les hommes de cinquante comme des vieillards à qui il ne reste plus qu'à mourir. Il n'était pas mort. Il était même fort vert[1]. Il avait changé de métier. Il ne possédait plus que quatre brebis mais, par contre, une centaine de ruches. Il s'était débarrassé des moutons qui mettaient en péril ses plantations d'arbres. Car, me dit-il (et je le constatais), il ne s'était pas du tout soucié de la guerre. Il avait imperturbablement continué à planter.

Les chênes de 1910 avaient alors dix ans et étaient plus hauts que moi et que lui. Le spectacle était impressionnant. J'étais littéralement privé de parole et, comme lui ne parlait pas, nous passâmes tout le jour en silence à nous promener dans sa forêt. Elle avait, en trois tronçons[2], onze kilomètres de long et trois kilomètres dans sa plus grande largeur. Quand on se souvenait que tout était sorti des mains et de l'âme de cet homme – sans moyens techniques – on comprenait que les hommes pourraient être aussi efficaces que Dieu dans d'autres domaines que la destruction.

Il avait suivi son idée, et les hêtres qui m'arrivaient aux épaules, répandus à perte de vue, en témoignaient. Les chênes étaient drus[3] et avaient dépassé l'âge où ils étaient à la merci des rongeurs ; quant aux desseins de la Providence[4] elle-même, pour détruire l'œuvre ainsi créée, il lui faudrait avoir désormais recours aux cyclones.

---

1. Fort vert : encore dans la force de l'âge.
2. Tronçons : parties.
3. Drus : forts, vigoureux.
4. Desseins de la Providence : intentions de la puissance divine.

Il me montra d'admirables bouquets de bouleaux qui dataient de cinq ans, c'est-à-dire de 1915, de l'époque où je combattais à Verdun[1]. Il leur avait fait occuper tous les fonds où il soupçonnait, avec juste raison, qu'il y avait de l'humidité presque à fleur de terre. Ils étaient tendres comme des adolescents et très décidés.

La création avait l'air, d'ailleurs, de s'opérer en chaînes. Il ne s'en souciait pas; il poursuivait obstinément sa tâche, très simple. Mais en redescendant par le village, je vis couler de l'eau dans des ruisseaux qui, de mémoire d'homme, avaient toujours été à sec. C'était la plus formidable opération de réaction qu'il m'ait été donné de voir. Ces ruisseaux secs avaient jadis porté de l'eau, dans des temps très anciens.

Certains de ces villages tristes dont j'ai parlé au début de mon récit s'étaient construits sur les emplacements d'anciens villages gallo-romains[2] dont il restait encore des traces, dans lesquelles les archéologues avaient fouillé et ils avaient trouvé des hameçons à des endroits où au vingtième siècle, on était obligé d'avoir recours à des citernes pour avoir un peu d'eau.

Le vent aussi dispersait certaines graines. En même temps que l'eau réapparaissaient les saules, les osiers, les prés, les jardins, les fleurs et une certaine raison de vivre. Mais la transformation s'opérait si lentement qu'elle entrait dans l'habitude sans provoquer d'étonnement. Les chasseurs qui montaient dans les solitudes[3] à la poursuite des lièvres ou des sangliers avaient bien constaté le foisonnement des petits arbres mais ils l'avaient mis sur le compte des malices naturelles de la terre. C'est pourquoi personne ne touchait à l'œuvre de cet homme. Si on l'avait soupçonné, on l'aurait contrarié. Il était insoupçonnable. Qui aurait pu imaginer, dans les villages et dans les administrations, une telle obstination dans la générosité la plus magnifique?

«L'homme qui plantait des arbres», 1953 © Éditions Gallimard ■

---

1. Verdun: bataille de 1916, la plus meurtrière de la Première Guerre mondiale.

2. Gallo-romains: époque où la Gaule appartenait à l'Empire romain (-52 av. J.-C.-486 apr. J.-C.).

3. Solitudes: lieux isolés.

3 questions pour vous guider...

1. Quel est le nouveau métier d'Elzéard Bouffier après la guerre ?
2. Pourquoi le narrateur parle-t-il de la forêt comme d'un « spectacle impressionnant » (l. 25) ?
3. Pourquoi personne ne touche à l'œuvre d'Elzéard Bouffier ?

DOC **43**

TRISTAN GARCIA

La Vie intense. Une obsession moderne

Écrivain et philosophe, Tristan Garcia (né en 1981) développe dans son essai La Vie intense. Une obsession moderne *l'idée selon laquelle, grâce à l'électricité, les sociétés modernes ont fait de l'intensité et de la vitesse des idéaux ordinaires. Mais, à force de faire de l'intensité la valeur suprême de l'existence, l'idéal se transforme en piège et épuise l'homme. Peut-être l'heure est-elle venue, suggère ici Garcia, d'appeler à la résistance afin que chacun puisse enfin retrouver son rythme propre.*

[Résister pour trouver son rythme]

Nous voilà donc doublement tiraillés[1], à la fois entre la vie intense et la sagesse ou le salut des religions, et entre la vie électrique et la vie électronique de demain. Celle-ci nous permet du moins de nous rendre compte combien l'idéal d'intensité électrique[2] dans lequel nous avons été éduqués est devenu caduc[3], même si nous continuons d'obéir dans bien des domaines de l'existence sociale aux impératifs modernes de vivre fort, de vivre vite, de vivre intensément. Sans nul doute, il se profile déjà d'autres idéaux. Certains croiront à une vie sur le mode d'être

1. Tiraillés : déchirés.
2. L'idéal d'intensité électrique : l'enchantement devant les nouvelles promesses qu'a suscité la maîtrise de l'électricité au XVIIIe siècle.
3. Caduc : périmé.

de l'information : une vie résumée à ses données, conservée et prolongée. Une vie dont les qualités ne seraient pas intensifiées mais plus efficaces : mémoire augmentée, concentration accrue, humeurs maîtrisées, mort repoussée.

Croire à cette nouvelle promesse, ce serait ne pas avoir pris les leçons de l'épuisement de l'éthique électrique[1]. Ce serait, après avoir espéré réduire la pensée à la vie, vouloir réduire la vie à de la pensée, et proposer un analogue[2] matérialiste aux espérances de sagesse et de salut, en nous faisant miroiter une existence débarrassée de la vie organique. Ce serait, encore une fois, réduire ou déduire le sentiment de vivre plutôt que de le *soutenir*.

Nous ne demandons qu'une chose : non pas une formule magique qui nous indiquerait comment vivre, mais l'assurance de pouvoir penser la résistance de notre sentiment de vivre à tout ce qui le réduit ou le déduit. Nous n'attendons pas, comme de grands enfants, qu'une pensée nous révèle le sens de la vie, ni qu'elle nous apprenne les règles de l'existence. Nous espérons seulement d'une éthique qu'elle nous assure la possibilité de ne pas détruire l'intensité de notre vie au nom même de sa réalisation. À quoi bon vivre pour toujours, si c'est en ayant perdu le sentiment de vivre ? Plutôt qu'on nous promette une vie intense ou une vie éternelle (qu'elle soit spirituelle ou matérielle), nous aimerions qu'on nous promette seulement la possibilité de nous sentir vivre tant que nous vivons.

Il nous suffit d'exprimer cette exigence pour réaliser que nous ne réclamons pas de solution à notre problème : le formuler distinctement, c'est être déjà parvenu à délivrer notre réponse. Il n'est pas question d'*échapper* à notre prise en tenaille, mais seulement d'y *résister*.

La Vie intense. Une obsession moderne, 2016 © Éditions Autrement ■

1. Éthique électrique : conduite de vie qui fait de l'intensité une valeur supérieure et qui est inspirée de l'image du courant électrique.

2. Analogue : équivalent.

3 questions pour vous guider...

1. Relisez le premier paragraphe : par quoi l'idéal d'intensité électrique est-il supplanté de nos jours ?
2. Quelle est la « nouvelle promesse » (l. 14) de la société de demain dont parle Tristan Garcia dans le deuxième paragraphe ?
3. « Il n'est pas question d'*échapper* à notre prise en tenaille, mais seulement d'y *résister* » (l. 36-38) : expliquez cette phrase.

SUJET 1 Choisir de ralentir

Vouloir se soustraire à la vitesse, c'est immanquablement découvrir la lenteur. Mais comment faire bon usage de la lenteur ? Ralentir implique la volonté de ne plus se plier au rythme frénétique de la société et l'envie de trouver son rythme propre pour mieux s'épanouir. Être lent devient la promesse d'une vie apaisée et heureuse. Choisir de ralentir, ce n'est donc plus perdre son temps mais prendre son temps et savourer chaque instant.

Les sites à explorer

- **Le clip du film « Tout s'accélère »**
https://www.youtube.com/watch?v=uhlbJlwGs-0

Pour accompagner la sortie de *Tout s'accélère*, son film documentaire, Gilles Vernet a réalisé un clip vidéo d'une chanson qu'il a écrite sur le thème de l'accélération dans notre société. Interprétée par les élèves de la classe de CM2, cette chanson évoque la question majeure du film : comment lutter contre les méfaits de la vitesse ? Les élèves, filmés dans le métro, au musée ou à l'école, énumèrent les conséquences tragiques d'un monde qui refuse de ralentir.

- **L'interview de Carlo Petrini, fondateur du mouvement « Slow Food »**
https://www.youtube.com/watch?v=ISuBlV1Qvmg

Dans cette vidéo, le quotidien *Le Parisien* interroge Carlo Petrini, fondateur du mouvement « Slow Food ». Apparu en 1989 en Italie, le « Slow Food » est né en réaction contre la multiplication des fast-foods et la disparition de la cuisine traditionnelle. Comme l'indique Carlo Petrini au cours de l'interview, le « Slow Food » privilégie une alimentation de qualité, qui prend son temps pour se faire et pour apprécier les produits. À côté du plaisir gastronomique, il est aussi question d'une action militante pour la protection de l'environnement et la sauvegarde de la biodiversité.

VERS L'EXPOSÉ

1. Échapper à la tyrannie de la vitesse

Visionnez la vidéo musicale des enfants du documentaire *Tout s'accélère* et relevez dans les paroles de leur chanson les raisons pour lesquelles la vitesse est nuisible. Vous imaginerez à votre tour, dans le cadre d'un travail d'écriture collectif, une chanson évoquant la nécessité de ralentir.

2. Le mouvement « Slow », une réponse à l'idéal de la vitesse ?

Relevez dans la vidéo du *Parisien* les trois raisons principales soulevées par Carlo Petrini pour expliquer l'origine du mouvement « Slow Food ». Dans le cadre d'un débat qui s'appuiera sur les arguments de Carlo Petrini, vous vous demanderez quelles autres mesures peuvent être envisagées pour renverser l'idéal de la vitesse.

SUJET 2 Comment trouver la bonne allure ?

Ralentir ou accélérer ? Refuser la vitesse ou la privilégier ? Plutôt que de s'enfermer dans cette alternative, ne faut-il pas trouver le bon équilibre entre les deux ? Allier vitesse et lenteur semble être la clef d'un nouveau mode de vie plus en adéquation avec les attentes de la société actuelle.

Les sites à explorer

- **Le débat « Vitesse, lenteur » de la Bibliothèque Médicis**
  https://www.youtube.com/watch?v=Ri554yHbYyE

  Dans ce numéro de *Bibliothèque Médicis*, une émission hebdomadaire de critique littéraire qu'il animait alors, Jean-Pierre Elkabbach s'interroge sur le meilleur rythme à adopter : faut-il privilégier la vitesse ou la lenteur ? Aux côtés de Gilles Finchelstein, Éric Hazan, Olivier Poivre d'Arvor et Nicolas Tenzer, il réfléchit sur les effets de l'urgence dans la société aussi bien que sur les implications de la lenteur.

- **Un article dévoilant « 8 conseils pour garder le bon rythme toute l'année »**

  https://www.huffingtonpost.fr/clemence-peix-lavallee/8-conseils-pour-garder-le-bon-rythme-toute-lannee_a_23190359/

  Experte scientifique en gestion du stress, Clémence Peix Lavallée donne ici, à la veille de la rentrée de septembre, huit conseils essentiels pour garder le bon rythme. Après les vacances, comment ne pas être de nouveau frappé par un rythme de vie trépidant et comment garder le bénéfice des semaines de repos ? Tel est le défi que l'experte tente de relever en dispensant des recommandations pour une plus grande souplesse dans le choix de rythme au travail et à la maison. Pour ne pas s'épuiser, il faut absolument s'adapter aux circonstances.

VERS L'EXPOSÉ

1. Marier vitesse et lenteur ?

Visionnez l'émission *Bibliothèque Médicis* et dégagez les arguments en faveur de la vitesse et de la lenteur et, inversement, ceux en leur défaveur. Dans le cadre d'un débat qui prendra appui sur votre relevé, vous vous poserez la question suivante : comment marier lenteur et vitesse ?

2. S'adapter aux circonstances

Répertoriez dans l'article du *Huffington Post* les huit conseils pour garder le bon rythme, puis montrer en quoi ils relèvent d'une alliance entre vitesse et lenteur.

SUJET 1 Le goût moderne pour la vitesse

■ Première partie : Synthèse (/40 points)

Vous rédigerez une synthèse concise, objective et ordonnée des documents suivants.

Document 2 • Françoise Sagan, *Avec mon meilleur souvenir* (p. 18)
Document 10 • Roland Barthes, *Mythologies* (p. 36)
Document 12 • Philippe Soullier, « La rapidité d'exécution, clé de la réussite » (p. 41)
Document 23 • Nicolas Tellop, *Les Courses-poursuites au cinéma* (p. 81)

Les conseils pour réussir

a. Lisez attentivement les textes pour mettre en évidence la manière dont la vitesse y est envisagée.
b. Confrontez l'article de Philippe Soullier et le texte de Nicolas Tellop.
c. Mettez en évidence, dans les textes de Sagan et Barthes, la place qu'occupe la voiture dans les sociétés modernes.

■ Seconde partie : Écriture personnelle (/20 points)

Pensez-vous que la vitesse soit un critère indispensable pour définir les sociétés modernes ?
Vous répondrez à cette question d'une façon argumentée en vous appuyant sur des documents du corpus, vos lectures de l'année et vos connaissances personnelles.

Les conseils pour réussir

a. Relisez la deuxième sous-partie du premier chapitre de cet ouvrage pour comprendre la place qu'occupe la vitesse dans la modernité.
b. Mettez en évidence, dans votre réflexion, le rôle de la vitesse comme critère de productivité dans la société.
c. Consacrez un temps de votre réflexion aux limites de la vitesse à tout prix en vous aidant des arguments développés dans le texte de Nicolas Tellop.

SUJET 2 Une société à flux tendu

■ Première partie : Synthèse (/40 points)

Vous rédigerez une synthèse concise, objective et ordonnée des documents suivants.

Document 15 • Paul Morand, *L'Homme pressé* (p. 51)

Document 20 • Nicole Aubert, *Le Culte de l'urgence. La société malade du temps* (p. 72)

Document 21 • Hartmut Rosa, *Aliénation et accélération* (p. 75)

Document 31 • Eve Ysern, *« Tout va trop vite ! Et si on ralentissait ? »* (p. 109)

Les conseils pour réussir

a. Mettez en évidence, dans le texte de Paul Morand, les raisons pour lesquelles le personnage est stressé.
b. Confrontez les textes de Nicole Aubert et Eve Ysern.
c. Mettez en lumière, dans le texte d'Hartmut Rosa, les raisons pour lesquelles on peut parler d'une accélération sociale.

■ Seconde partie : Écriture personnelle (/20 points)

Pensez-vous que la société actuelle vit dans la tyrannie de la vitesse et de l'urgence ?
Vous répondrez à cette question d'une façon argumentée en vous appuyant sur des documents du corpus, vos lectures de l'année et vos connaissances personnelles.

Les conseils pour réussir

a. Relisez le deuxième chapitre de cet ouvrage pour repérer comment se manifeste la tyrannie de la vitesse.
b. Appuyez-vous sur le film de Ron Howard pour dénoncer les dangers de la vitesse.
c. Appuyez-vous sur le texte d'Eve Ysern pour enrichir votre argumentation sur les effets négatifs de la vitesse au travail.

SUJET 3 Ralentir pour résister à la société de consommation

■ Première partie : Synthèse (/40 points)

Vous rédigerez une synthèse concise, objective et ordonnée des documents suivants.

Document 25 • GEORGES PEREC, *Un homme qui dort* (p. 87)
Document 29 • DAVID LE BRETON, *Marcher. Éloge des chemins et de la lenteur* (p. 104)
Document 34 • PAUL VIRILIO, *L'Inertie polaire* (p. 120)
Document 38 • IVAN GONTCHAROV, *Oblomov* (p. 125)

Les conseils pour réussir

a. Mettez en évidence, dans le texte de Perec, le mécanisme de résistance à la société de la vitesse que développe le personnage.
b. Lisez attentivement le texte de David Le Breton pour dégager la dimension politique et sociale de la marche.
c. Comparez les textes de Virilio et Gontcharov pour mettre en évidence la force de l'immobilité.

■ Seconde partie : Écriture personnelle (/20 points)

Pensez-vous que ralentir constitue une action décisive pour résister à la société de consommation ?
Vous répondrez à cette question d'une façon argumentée en vous appuyant sur des documents du corpus, vos lectures de l'année et vos connaissances personnelles.

Les conseils pour réussir

a. Relisez le troisième chapitre de cet ouvrage pour nourrir votre réflexion sur la nécessité de ralentir et ses avantages.
b. Appuyez-vous sur le texte de David Le Breton pour montrer que ralentir est une forme de résistance politique.
c. Appuyez-vous sur le film de David Lynch pour montrer que la vitesse est souvient liée à la réussite sociale.

SUJET 4 Retrouver un rythme équilibré

■ Première partie : Synthèse (/40 points)

Vous rédigerez une synthèse concise, objective et ordonnée des documents suivants.

Document 7 • Filippo T. Marinetti, *Manifeste du futurisme* (p. 30)
Document 30 • Pierre Sansot, *Du bon usage de la lenteur* (p. 107)
Document 41 • Sylvain Tesson, *Sur les chemins noirs* (p. 132)
Document 43 • Tristan Garcia, *La Vie intense. Une obsession moderne* (p. 137)

Les conseils pour réussir

a. Montrez en quoi les textes de Marinetti et Sansot s'opposent sur la question de la vitesse.
b. Lisez attentivement le texte de Sylvain Tesson afin de voir en quoi consistent les « chemins noirs ».
c. Mettez en évidence, dans le texte de Tristan Garcia, les arguments défendant l'importance de retrouver un rythme équilibré.

■ Seconde partie : Écriture personnelle (/20 points)

Pensez-vous que la société moderne permette à chacun de pouvoir retrouver un rythme de vie équilibré ?
Vous répondrez à cette question d'une façon argumentée en vous appuyant sur des documents du corpus, vos lectures de l'année et vos connaissances personnelles.

Les conseils pour réussir

a. Relisez la troisième sous-partie du troisième chapitre de cet ouvrage pour percevoir comment peuvent s'équilibrer vitesse et lenteur.
b. Appuyez-vous sur le texte de Tristan Garcia pour montrer comment la société échoue à faire de la vie moderne un idéal d'intensité.
c. Appuyez-vous sur le film de Gilles Vernet pour trouver des exemples de passages d'un rythme de vie stressant à un rythme de vie apaisant.

FICHE n° 1 Construire une synthèse de documents

INFO

■ Notée sur 40, la synthèse est l'une des deux parties de l'épreuve écrite de culture générale et expression au BTS.

■ Cet exercice consiste à rapprocher et confronter un ensemble de 3 ou 4 documents (également appelé corpus) dans une synthèse rédigée, construite et objective qui en fera apparaître les points de convergence et de divergence.

■ Le devoir doit se présenter sous la forme d'une composition, avec une introduction, un développement et une conclusion rédigés.

Pour réussir la synthèse, il faut procéder en ***4 étapes.***

ÉTAPE 1 Lire le dossier

■ Lisez tout d'abord attentivement le titre du dossier : il annonce le thème traité et vous sert de guide.

■ Prenez connaissance du paratexte de chaque document. Vous y trouvez des informations précieuses : sur l'auteur, le titre, la date et la source.

■ Lisez enfin avec soin l'ensemble du dossier une première fois pour identifier les idées clés.

ÉTAPE 2 Reformuler et classer les idées clés

■ Après les avoir identifiées, reformulez chacune des idées clés : énoncez-les d'une manière différente de celle du texte, en tâchant de les expliciter.

■ Relisez les idées reformulées et surlignez dans la même couleur celles qui se rapportent à un même groupe d'idées.

■ Vous obtenez différents groupes d'idées ou thèmes : en général deux ou trois. Donnez-leur un titre.

■ Faites un tableau récapitulatif permettant de visualiser, pour chaque thème, les points communs et les différences entre les documents.

ÉTAPE 3 Trouver la problématique

■ Chaque thème peut être associé à une interrogation. S'ouvre alors un débat entre les différents thèmes identifiés que l'on peut formuler sous la forme d'une question : c'est la problématique générale de la synthèse.

···> ÉTAPE 4 Construire le plan

■ Les deux ou trois grands thèmes identifiés correspondent aux deux ou trois grandes parties du plan. Classez-les du plus simple au plus complexe de manière à proposer une progression dans le plan.

■ Pour chaque partie, déclinez l'idée directrice en deux ou trois arguments clés qui permettent d'asseoir la démonstration.

■ N'oubliez pas de rédiger, toujours au brouillon, de brefs paragraphes de transition articulant chacune des grandes parties entre elles.

L'astuce

Il est souvent utile d'adopter un plan analytique exposant les causes, les conséquences et les solutions aux problèmes posés dans les documents.

Le piège !

Évitez absolument un plan énumératif qui analyse un à un les documents sans proposer de synthèse. Il faut toujours procéder à un recoupement entre les différents documents.

FICHE n° 2 Traiter un sujet d'écriture personnelle

■ Notée sur 20, l'écriture personnelle est l'une des deux parties de l'épreuve écrite de culture générale et expression au BTS.

■ Cet exercice consiste à répondre de manière argumentée à une question relative aux documents du dossier. La question invite le candidat à confronter les documents proposés à l'étude pour la synthèse aux connaissances acquises durant l'année scolaire sur le thème.

■ L'écriture personnelle réclame du candidat une prise de position claire et définie sur la problématique qui sera développée sous la forme d'une composition française de 80 à 100 lignes maximum. Elle doit comporter une introduction, un développement et une conclusion rédigés.

*Pour réussir l'écriture personnelle, il faut procéder en **6 étapes**.*

ÉTAPE 1 Analyser le sujet

■ Lisez tout d'abord attentivement le sujet dont la formulation est toujours identique : il s'agit soit d'une question ouverte soit d'une citation à commenter en lien avec l'un des deux thèmes traités durant l'année.

■ Identifiez les mots clés qui permettent de délimiter le sujet. Ces mots clés doivent être reformulés pour favoriser la recherche d'idées et inviter à poser les termes du débat.

■ La confrontation des documents du dossier et de vos connaissances personnelles vous permettra de définir une problématique autour de laquelle vous pourrez articuler votre questionnement.

ÉTAPE 2 Trouver les arguments

■ L'écriture personnelle s'articule autour de six à neuf arguments principaux. Chacun de ces arguments est présenté dans un paragraphe distinct. L'idée directrice y est énoncée puis illustrée avec un exemple précis puisé dans l'un des documents du dossier ou dans vos connaissances personnelles.

■ Pour trouver les arguments principaux :
- relisez les documents du dossier ;
- passez en revue vos connaissances personnelles acquises durant l'apprentissage des thèmes.

■ Une fois les idées et les exemples trouvés, confrontez-les pour éviter les redites et le hors sujet. Chaque idée doit bien répondre à la problématique.

⋯› ÉTAPE ❸ Construire son plan

■ Trois règles sont indispensables pour élaborer votre plan :
– classez les idées selon leur degré d'importance ;
– énoncez de manière claire chaque idée et enchaînez-les de façon logique et cohérente ;
– démontrez toujours au lieu d'affirmer vos idées.
■ Quel que soit le plan adopté, vous devez avant tout fonder votre propos sur une argumentation personnelle.
■ Trois types de plans sont possibles pour organiser vos idées :
– Avantages / Inconvénients / Solutions.
– Causes / Conséquences / Solutions.
– Explication / Nuances / Reformulation de la question.

⋯› ÉTAPE ❹ Rédiger l'introduction

■ L'introduction comporte trois étapes :
– commencez par présenter le sujet avec une phrase d'accroche ;
– présentez la problématique sous la forme d'une question ;
– annoncez le plan en soulignant son mouvement démonstratif à l'aide de liens logiques.

⋯› ÉTAPE ❺ Rédiger le développement

■ Suivant le modèle de la composition française, le développement propose trois parties rédigées distinctement. Elles doivent être séparées par des sauts de lignes et marquées par des alinéas signalant chaque début de nouveau paragraphe.
■ Chaque partie définit d'abord son idée directrice. Suit l'énonciation de chaque argument illustré pour chacun d'exemples précis.
■ Chaque partie et chaque idée s'enchaînent et s'articulent à l'aide de liens logiques.

ÉTAPE 6 Rédiger la conclusion

La conclusion comporte deux étapes :
– commencez par répondre sous la forme d'un bilan à la problématique posée en introduction ;
– puis ouvrez et élargissez le sujet à l'aide d'une question.

L'astuce

Confrontez les idées et les exemples en les organisant de manière personnelle pour aboutir à une réponse individuelle.

Le piège !

Évitez de traiter le sujet comme une question réclamant une prise de position subjective ! Vous devez donc impérativement éviter les formules comme « selon moi », « pour ma part », « personnellement » ou « je pense que ».

FICHE n° 3

Analyser un texte d'idées

INFO

■ Les textes d'idées sont des documents écrits qui n'appartiennent pas à la fiction comme le roman ou le théâtre : essais sociologiques, dialogues philosophiques, articles de presse, entretiens, documents de référence…

■ Ils constituent les documents les plus nombreux dans les corpus de synthèse. Les idées qu'ils contiennent sont exprimées directement dans un discours informatif.

*Pour analyser un texte d'idées, il faut procéder en **4 étapes**.*

ÉTAPE 1 Identifier le texte d'idées

■ Les textes d'idées ne racontent pas une histoire ou et ne décrivent pas des personnages ou des lieux comme le fait le roman.

■ Même s'ils abordent des situations concrètes, leur fonction est d'exposer et de mettre en relation des notions abstraites, d'expliquer des faits, de proposer des réflexions, des points de vue, des prises de position argumentés.

■ Ces textes relèvent du discours argumentatif. Ils peuvent être polémiques ou satiriques.

■ Pour mieux les identifier, aidez-vous du paratexte qui contient toutes les informations nécessaires pour présenter le document : auteur, titre, source, date de publication…

ÉTAPE 2 Déterminer le thème global du texte, savoir qui parle

■ La première lecture d'un texte d'idées doit vous permettre de déterminer son thème global.

■ La mise en évidence du lexique dominant vous aidera à répondre à la question : « De quoi s'agit-il ? ».

■ Il est indispensable que trouviez à qui appartiennent les idées énoncées. Celui qui parle est celui qui signe l'œuvre ou l'article. Toutefois, il arrive fréquemment à l'auteur de reprendre des points de vue ou des paroles qui ne lui appartiennent pas.

➔ ÉTAPE 3 Identifier les idées, les arguments, les exemples

■ Le texte d'idées confronte des notions, des points de vue, des théories qui ne vont pas nécessairement dans le même sens. Identifiez-les tous, cela vous permettra de définir la ou les problématiques.

■ Les orientations différentes des idées sont perceptibles grâce à plusieurs indices :

– la présence de champs lexicaux qui s'opposent ;

– la présence de figures d'opposition comme les antithèses, les paradoxes, et d'articulations qui soulignent les divergences : mais, cependant, à l'inverse, au contraire…

■ Les exemples illustrent les idées ou constituent leur point de départ. Ils sont concrets et souvent imagés. Identifiez-les rapidement car ils vous faciliteront la compréhension des concepts.

➔ ÉTAPE 4 Mettre en évidence la structure du texte

■ Pour mettre en évidence la structure du texte, déterminez le type de raisonnement et le plan suivis par l'auteur.

■ Le texte peut être construit selon trois types de plan :

– un plan dialectique : il permet la confrontation à partir d'une thèse de différents points de vue.

– un plan déductif : il permet de tirer des conséquences à partir d'un fait ou d'une cause.

– un plan linéaire : le texte développe une même idée en l'illustrant de manière détaillée et approfondie.

L'astuce

Repérer les mots de liaison aide à découvrir les grandes articulations de la pensée et le type de raisonnement adopté dans un document.

Le piège !

Ne confondez pas arguments et exemples ! Les arguments développent toujours des idées articulées logiquement alors que les exemples, beaucoup plus factuels, sont toujours des illustrations concrètes des idées.

CLASSÉS PAR GENRE

Articles

Essais, textes d'idées

Textes littéraires

Visuels

CLASSÉS PAR GENRE

Table des illustrations

Page I • *Course de chevaux* dit *Le Derby de 1821 à Epsom*, Théodore Géricault (1791-1824), 1821, huile sur toile, 92 x 122 cm, Paris, musée du Louvre.

Page II • Affiche du film *L'Étoffe des héros* de Philip Kaufman, 1983.

Page III • *5 Deaths on Orange (Orange Disaster)*, Andy Warhol (1928-1987), 1963, technique mixte, encre de sérigraphie sur peinture de polymère synthétique sur toile de lin, 76,5 x 76,5 cm.

Page IV • Affiche du film *Tout s'accélère* de Gilles Vernet, 2016.

Page V • Affiche du film *Une histoire vraie* de David Lynch, 1999.

Page VI • *Slow!*, A.Richard Allen, 2009, technique mixte, collection privée.

Page VII • Photographie extraite du film *Alexandre le bienheureux* d'Yves Robert, 1967.

Page VIII • *Personne pratiquant du yoga dans un jardin public de Bordeaux*, 24 mai 2012.

PAPIER À BASE DE
FIBRES CERTIFIÉES

Hatier s'engage pour
l'environnement en réduisant
l'empreinte carbone de ses livres.
Celle de cet exemplaire est de :
300 g éq. CO_2
Rendez-vous sur
www.hatier-durable.fr

Achevé d'imprimer par Black Print CPI Iberica S.L.U - Espagne
Dépôt légal 05257-4/01 - Août 2019